I0154758

www.ingramcontent.com/pod-product-compliance
Lightning Source LLC
LaVergne TN
LVHW051648080426
835511LV00016B/2560
9780999132593

پیام پلنگ

Leopard's Prophecy

Leopard's prophecy
Author: Lord Leopard
Publisher: Forbidden Books, Reseda, Ca, USA
ISBN-13: 978-0999132593
Library Congress Control Number: 2017909924

عنوان: پیام پلنگ

نویسنده: Lord Leopard (نام مستعار)

ناشر: فوربیدن بوکز (کتاب های ممنوعه)، آمریکا

شابک: ۹۷۸-۰۹۹۹۱۳۲۵۹۳

شماره کنترلی کتابخانه کنگره: ۲۰۱۷۹۰۹۹۲۴

در زمانی نا مشخص و در جایی ناشناخته دهکده ای وجود داشت و در این دهکده چندین مزرعه بزرگ و کوچک بود و هر مزرعه توسط گونه ای از حیوانات به تصرف درآمده بود. حیوانات هر مزرعه با مزرعه دیگر تفاوتهای زیادی داشتند و همینطور اختلافات فراوانی چه از نظر تفاوت نوع خوراک، پوشاک ، فرهنگ و زبان و چه از نظر اختلافات سیاسی و حتی مرزهای بین مزارع. هر گونه از حیوانات دهکده برای خود دین و آیینی داشتند که شاید دلیل اصلی تمام تفاوتها و اختلافهای ایجاد شده همان دینهای آنها بود؛ چون در هر مزرعه دین و آیینی با خدایی به کلی متفاوت از مزرعه دیگر پیروی و پرستیده میشد. به این ترتیب دهکده همیشه پر از جنب و جوش و درگیری بود. اما دین و آیین و خدا حیوانات دهکده چه بود؟! خدای حیوانات هر مزرعه صاحب همان مزرعه بود یعنی در هر مزرعه همان انسانی که گمان می رفت مالك آن مزرعه باشد خدا تلقی میشد؛ و نحوه زندگی ای که حیوانات هر مزرعه گمان می کردند مورد پسند مالك مزرعه است دین آنها بود و چیز بسیار شگفت انگیز درباره حیوانات دهکده این بود که آنها نمی دانستند که هیچ انسانی در دهکده زندگی نمیکند یا دسته کم بیشترشان نمیدانستند؛ به جز روحانیون مذهبی و سیاستمداران که آنها هم به همین خاطر زمام امور دهکده را در دست گرفته بودند و آنها نیز همیشه این راز را پنهان نگاه میداشتند و هر حیوانی را که از انسان و انسانیت اطلاع درستی داشت و میخواست به باقی اهالی دهکده چیزی

بگوید او را سر به نیست می کردند و این تنها وجه اشتراک روحانیون مذهبی و سیاستمداران در تمام دهکده بود.

اما کمی آنطرف تر در گوشه دور افتاده ای از دهکده پشت یک کوه کوچک یک موش قرمز و یک گربه سیاه زندگی می کردند و البته نه در صلح و صفا و دلیلش هم مشخص بود آنها هم هر کدام برای خود دین و آیینی متفاوت داشتند؛ از این رو صلح و صفایی بین آنها نبود و هرگز هم اتفاقی نیفتاده بود که آنها بتوانند به طور جدی و اساسی درباره اختلافات یا تفاهمهایشان با هم حرفی بزنند. موش مسلمان بود و از اقلیت شیعه که اجداد او از دهکده توسط همکیشانشان که سگهای مسلمان با اکثریت سنی بودند رانده شده بودند و در واقع فرار کرده بودند و گربه هم از اقلیتی بودایی بود که او هم از دست همکیشانش در دهکده فرار کرده بود ولی خودش مدعی بود که فرار نکرده است و فقط مهاجرت کرده است.

به هر حال در یکی از روزهای سرد پاییزی موش به دام گربه افتاد به طوری که چاره ای جز تسلیم شدن نداشت. موش رو به گربه کرد و گفت: بگذار از تو خواهشی بکنم اگر نپذیرفتی آنگاه مرا بخور. گربه که میدانست موش راه فراری ندارد و از طرفی به هوشمندی خود اطمینان داشت و میدانست که فریب موش را نخواهد خورد تصمیم گرفت که به خواهش موش گوش فرا دهد تا هم کمی بیشتر از شکارش لذت ببرد. پس گفت خواهش کن دارم گوش می کنم. و موش

۶ خواهش کرد و گفت: تو را به "علی" قسم می دهم بگذار بروم به خانه ام تا فرزندان نوزادم را شیر بدهم وآنها را به کسی بسپارم؛ به "علی"قسم که بر خواهم گشت تا بیایم که تو مرا بخوری. گربه با زهرخندی ستمکارانه به موش بیچاره گفت: ای موش حقه باز مگر نمیدانی که من بودایی هستم پس قسمهای تو کارساز نبود و "علی"چه کوفتی است که بخواهم به خاطرش بخششی کنم؟ پس خواهش تو پذیرفته نیست. موش فهمید که بدجوری گیر افتاده است و باید به چیز دیگری متوسل بشود پس گفت: من از کجا میدانستم تو بودایی هستی؟! تو که هرگز به من نگفته بودی پس حالا تو را به بودا قسمت میدهم که به خاطر بودا بگذاری بروم تا فرزندانم را شیر بدهم و آخرین بار آنها را ببینم و برگردم و تو آنوقت مرا بخور. گربه که نمیخواست از خوردن موش صرف نظر کند گفت: تو اصلا میدانی بودا چیست؟ که میخواهی به خاطر بودا بگذارم بروی؟ موش گفت : نه نمیدانم بودا چیست ولی حتما چیز خوبی است دسته کم برای شما. گربه که از اینجور خطاب کردن بودا توسط موش بدش آمده بود گفت: پس باز هم جواب خواهشت نه است و نمیگذارم که بروی و تو را همین الان می خورم. موش که دیگر همه راه ها را بر خود بسته دید بیخیال "علی" و "بودا" شد و با لحنی طلبکارانه به گربه گفت: آیا در تو ذره ای انسانیت وجود ندارد؟ فرزندان من هنوز کوچکند و من فقط از تو کمی وقت میخواهم؛ از تو نمیخواهم که مرا نخوری ؛ من بر خواهم گشت و تو میتوانی مرا با آسودگی بخوری. گربه کمی متاثر شده بود چون باور داشت دسته کم

در او ذره ای انسانیت وجود دارد پس گفت: اگر بروی و برنگردی چه؟ تازه از کجا معلوم که تو اصلا فرزندی داشته باشی و دروغ نگفته باشی؟ موش پستانهایش را به گربه نشان داد و گفت : ببین اینها پستانهای منند و پر از شیر هستند. چطور من بچه ای نداشته باشم و پستانهایم پر از شیر باشد. گربه با دیدن پستانهای کوچک موش هم دلش سوخت و هم خنده اش گرفته بود ولی به روی خودش نیاورد پس گفت: خب درست می گویی گویا بچه داری اما از کجا مطمئن باشم که برمی گردی؟ من نمی توانم بگذارم بروی و همین الان میخورمت. موش گفت: ببین من تو را تا در خانه ام میبرم تا مطمئن شوی که من برمی گردم چون اگر بر نگردم تو محل زندگی مرا دانسته ای و حتی میتوانی مرا و بچه هایم را همگی بخوری. گربه کمی با خود اندیشید و دید که پیشنهاد موش قانع کننده به نظر می آید و از طرفی با قبول کردن خواهش موش میتوانست وجدان بیدار شده انسانی خود را نیز آرام کند پس تصمیم گرفت که پیشنهاد موش را بپذیرد و گفت: باشد برویم و دستت را بده به دستم تا فرار نکنی. پس آنها دست در دست یکدیگر به نزدیک خانه موش رفتند و موش خانه اش را به گربه نشان داد و گفت خواهشا تو اینجا کمی منتظر بمان تا من با بچه هایم خدا حافظی کنم و به آنها سفارشهایی بکنم؛ و بی درنگ رفت داخل سوراخش و بچه هایش را در آغوش کشید و شروع کرد به شیر دادن آنها و چون می دانست آخرین باری است که بچه هایش را می بیند به آنها گفت: ای عزیزانم شما دیگر بزرگ شده اید و باید روی پای خود باستید و من هم باید بروم به سفری

دور و معلوم نیست که کی برگردم. نگران من نباشید و مواظب خودتان باشید تا من هم درباره شما آسوده خیال باشم. بچه موش ها گفتند مادرجان آیا مطمئن هستی که ما به اندازه کافی بزرگ شده ایم؟ آخر ما هنوز هیچ تجربه ای درباره دنیای واقعی نداریم و تمام عمرمان تا اکنون درون این سوراخ گذشته است و ما چیزی از دنیای واقعی نمیدانیم. تازه اصلا این چه سفری است که اینگونه ناگهانی داری میروی؟ موش مادر نمیدانست چه بگوید تا بچه هایش را قانع کند و هم اینکه آنها متوجه این نشوند که اگر مادرشان هرچه زودتر از خانه بیرون نرود و خود را تسلیم آن گربه سیاه بودایی نکند همگی آنها توسط گربه خورده خواهند شد. پس گفت: ببینید من دارم سفری به سوی راستی میروم و من درباره دنیای واقعی همه چیز را قبلا به شما گفته ام، یعنی در واقع همه داستانهایی که شبها برای شما میگفتم حقایق هستی بودند. بچه موشها گفتند: آخر ای مادرجان همه آنها فقط داستانها بودند. موش مادر گفت: آنها همه حقایق بودند و اگر شما حقایق را باور نکنید و بگویید که داستانها بودند پس واقعیت را هم باور نخواهید کرد. و آنها را بوسید و گفت از خانه بیرون نروید و منتظر باشید تا فردا که خاله برای دیدن تان می آید، و به او بگویید که از شما مواظبت کند و خداحافظی کرد و رفت. بیرون خانه گربه که منتظراو بود او را دید و گفت: آفرین، میبینم که پیمان نشکستی و برگشتی. موش گفت : آری برگشتم و آیا چاره دیگری هم داشتم؟! گربه گفت راستش نه چاره ای جز این نداشتی. موش گفت اگر ممکن است یک خواهش دیگر هم بکنم. گربه که

دیگر به موش اعتماد پیدا کرده بود گفت: باشد خواهش کن. موش گفت: خواهش می کنم پس از اینکه مرا خوردی هوس نکنی بچه هایم را هم بخوری چون از اولش هم قرار بود که فقط مرا بخوری و نیز اینکه تا آنها بزرگ نشده اند قصد شکارشان را نکنی. گربه گفت: اگرچه قرار بود فقط یک خواهش بکنی اما اشکالی ندارد باشد. دیگر چه؟! موش گفت دیگر هیچ من آماده ام تا مرا بخوری. گربه که از موش خوشش آمده بود گفت: آیا واقعا آماده ای که تورا بخورم؟ آیا هیچ آرزو یا خواهش دیگری نداری؟ موش گفت: خواهش که نه اما آرزو چرا. گربه گفت چه آرزویی؟ موش گفت: آنجا که به دام تو گرفتار شده بودم و هیچ راهی برای فرار نداشتم را یادت هست؟! گربه گفت آری خیلی خوب یادم هست و تو مرا به "علی" قسم دادی که تو را نخورم تا بروی بچه هایت را شیر بدهی. موش گفت آری ولی تو باز هم میخواستی مرا بخوری، یادت هست؟! گربه گفت البته که یادم هست. موش گفت: آن هنگام "علی" مانند بتی در برابرم فرو ریخت. چون فهمیدم که "علی" مرا نمیبیند و نه میفهمد و نه برایم کاری میتواند بکند و نه هیچ راهی برای نجات به من نشان میدهد و اکنون تنها آرزوی من اینست که بدانم راه راستی کدامست؟ انسانیت چیست؟ و اصلا انسان کجاست؟ زیرا تو به خاطر انسانیت فرصت دوباره دیدن فرزندانم را به من دادی و نه به خاطر "علی" و نه حتی به خاطر بودا. گربه که هر لحظه بیشتر و بیشتر از موش خوشش می آمد گفت: امیدوارم که نخواهی آرزویت را برایت برآورده کنم. چون راستش من هم از انسانیت و انسان

چیز زیادی نمیدانم، من هم مثل تو ام. می دانی چرا؟ موش گفت نه نمیدانم. چرا؟! گربه گفت چون هنگامیکه به نام بودا از من خواستی که تو را نخورم، در خود احساس کردم که هوس خوردن تو برایم از ایمان به بودا قوی تر است و بودا هیچ مانعی برای ستم من به تو نمیشود اما وقتی که به خاطر انسانیت از من خواستی که به تو فرصتی بدهم و من حاضر شدم که به تو فرصتی بدهم دانستم که این انسانیت است که میتواند به من و تو کمک بکند و نه بودا و نه "علی"، راستش آنهنگام بودا چون یک عروسک بی جان از نظرم فرو افتاد. و راستش من هم دلم میخواهد بدانم انسان کیست؟ راه انسان کدامست؟ و هوس دانستن آن از هوس خوردن تو در من بیشتر است. موش گفت: من درباره انسان و انسانیت چیزهایی شنیده ام ولی اصلا نمیدانم که درست است یا نه و اگر فرصت داشتم حتما اولین کاری که می کردم رفتن به دنبال چیزهایی که از انسان میدانم بود. اما واقعا چیز زیادی نمیدانم پس تو میتوانی با خیال آسوده مرا بخوری. گربه گفت: چه چیزهایی درباره انسان میدانی؟ کجا میخواستی دنبال انسان بروی؟ موش گفت: در دهکده ای که در آن سوی کوه هست چندین مزرعه وجود دارد و من درباره یکی از آن مزارع چیزهایی میدانم که میگویند متعلق به انسان است و خانه انسان در آن مزرعه است و شاید انسان آنجا باشد و میگویند خانه انسان انبار بزرگی پر از انواع خوراکیها دارد. گربه گفت: اگر چنین باشد تو میتوانی به خانه ات برگردی و از بچه هایت نگهداری کنی و من به آن مزرعه که گفتی میروم تا هم شاید بتوانم انسان را ملاقات کنم و هم دلی

از غذا درآورم. و اما اگر دروغ گفته باشی برخواهم گشت و تو و بچه هایت را خواهم خورد. موش گفت: لطفا بچه های مرا تهدید نکن آخر آنها چه گناهی دارند اصلا من از اینکه با تو درباره انسان و خانه اش حرف زدم پشیمان شدم لطفا مرا بخور و مرا بیش از این میازار. گربه گفت: باشد حق با توست بچه هایت گناهی ندارند پس با فرزندانت کاری ندارم اما اگر دروغ گفته باشی آنوقت با تو چه کار کنم؟ موش با اطمینان خاطر گفت: بگذار من هم با تو بیایم و اگر دروغ گفته باشم مرا همانجا بخور. گربه گفت تو باعث کند شدن من میشوی. موش گفت: من میتوانم بر دوش تو سوار شوم و باعث کند شدن تو هم نشوم تازه تو به تنهایی ممکن است نتوانی از پس این کار بر بیایی. گربه با تعجب پرسید چرا من تنهایی نتوانم؟ مگر تو چه کمکی میتوانی به من بکنی؟ موش گفت: آخر از آن مزرعه سگها مواظبت می کنند و دین سگها اسلام است البته اسلام سگها با اسلام موشها فرق میکند آنها سنی مذهب هستند و موشها شیعه مذهب. گربه که نمیدانست سگها چه نوع جانورانی هستند و اسلام چگونه دینی است گفت: مگر نمیگویی در آن مزرعه خانه انسان وجود دارد؟ پس هرچه آنجا باشد متعلق به انسان است و من با سگها کاری ندارم و فقط به اندازه حق خود از خانه انسان غذا خواهم خورد و برخواهم داشت و حتما سعی خواهم کرد تا ملاقاتی با انسان داشته باشم. موش گفت: سگها از گربه ها متنفرند و حقی برای تو از خانه انسان قائل نیستند و اصلا نمیگذارند کسی به خانه انسان نزدیک بشود. گربه گفت: چرا آنها از گربه ها متنفرند؟ موش گفت چون آنها

فکر می کنند گربه ها بت پرستند و سگها به خاطر همین گربه ها را کافر میدانند و آنها را می کشند. گربه گفت: چه کسی گفته که ما گربه های بودایی بت پرست هستیم و اصلا به آنها چه ربطی دارد که ما چه میپرستیم؟ من میروم آنجا و برای آنها توضیح خواهم داد که اشتباه می کنند. موش گفت: نمی دانم چه کسی به آنها گفته است که شما بت پرست هستید و اینکه شما چه چیزی را می پرستید به آنها ربطی دارد یا ندارد. اما میدانم که آنها به تو مجال اینکه توضیحی بدهی را نخواهند داد. چون آنها خود را تنها وارث انسان و انسانیت میدانند؛ آنها حتی به خاطر اختلاف عقیده هایی جزئی از ما موشهای مسلمان هم متنفرند و حقی برای ما نیز در خانه انسان قائل نیستند. پس بهتر است بگذاری تا با تو بیایم. گربه که کمی از پیچیدگی موضوع آگاه شده بود گفت: اشکالی ندارد بیا ولی فقط بگو وقتی که آنها از تو هم متنفرند تو چطور می توانی به من کمک کنی؟ موش گفت: چون من میدانم چطور میتوان با کمترین خطر وارد مزرعه سگها شد و آنچه میخواهیم را از خانه انسان برداریم. گربه گفت: اینطور که به نظر میرسد ما نخواهیم توانست وارد خانه انسان شویم و با او ملاقاتی داشته باشیم. موش گفت بگذار اول شکممان را سیر بکنیم بعدش برای وارد شدن به خانه انسان و ملاقات با او فکری خواهیم کرد. گربه گفت باشد برویم فقط از روی پشتم خواهی افتاد مگر اینکه از گوشهایم بگیری. پس موش بر پشت گربه سوار شد و از گوشهای گربه گرفت تا نیفتد و راهی دهکده شدند. در راه گربه به موش گفت: خب گفتی که میدانی چطور میشود وارد مزرعه

شد بی آنکه گرفتار سگهای مسلمان شویم: بگو چطور میتوانیم چنین کاری کنیم. موش گفت: سگها روزی پنج مرتبه نماز میخوانند وقتی ما به آنجا برسیم نزدیک نماز ظهرشان است و ما باید منتظر بایستیم تا زمان نماز ظهر برسد و وقتی که آنها برای خواندن نماز میروند تو میروی داخل انبار آذوغه و تا جایی که میتوانی خوراکی با خودت برمیداری و میاوری. گربه گفت مگر تو همراه من نمیایی؟ موش گفت نه. گربه گفت چرا؟ موش گفت: چون باید یکی از ما بیرون مزرعه بماند و اوضاع را زیر نظر بگیرد و از دور به دیگری پیام بدهد تا او بداند که چه کار کند.گربه گفت چرا من بیرون مزرعه نمانم تا اوضاع را زیر نظر بگیرم و تو به سراغ انبار آذوقه بروی؟ موش گفت بگذار به آنجا برسیم خواهی فهمید. چند دقیقه بعد موش و گربه به آنسوی کوه رسیدند و مزرعه ای که در تصرف سگها بود از آنجا به خوبی دیده می شد.

موش، مزرعه و سگها را به گربه نشان داد و گفت آنها را میبینی آنها سگها هستند و آن خانه چهارگوش را میبینی که سیاه رنگ است و چادر سیاهی بر روی آن انداخته اند؟ گربه گفت آری. موش گفت آن کعبه است و می گویند آن خانه انسان است. موش گفت آن پرچمها را می بینی؟ مثلا آن پرچم سیاه را که با رنگ سفید بر روی آن چیزی نوشته اند؟ گربه گفت آری میبینم اما نمی دانم چه نوشته اند موش گفت نوشته اند جز صاحب مزرعه آنها انسان دیگری وجود ندارد که آن پرچم متعلق به یکی از گروه های سگهای مسلمان است. موش یک پرچم دیگر را به گربه نشان داد و گفت آن پرچم دیگری که سبزرنگ

است را میبینی؟! با رنگ سفید بر روی شمشیری برهنه نوشته است که جز صاحب مزرعه آنها انسان دیگری وجود ندارد، آنهم پرچم گروهی دیگر از سگهای مسلمان است. و نیز آن پرچم سه رنگ را ببین که وسطش یک علامت اختصاری از نام صاحب مزرعه سگها به رنگ خون دارد و نام صاحب مزرعه شان گویا بالای دریایی از خون ایستاده است، آری آنهم پرچم گروهی دیگر از سگهای مسلمان است. گربه گفت آری پرچمها را دیدم و آری حق با توست آنها بدجوری دورو بر خانه انسان دارند می چرخند و معلوم است که سهمی برای دیگر حیوانات در خانه انسان قائل نیستند. موش گفت: حالا اگر فکر می کنی که تو بهتر میتوانی در اینجا عملیاتمان را پشتیبانی کنی خب تو اینجا بایست و من بروم داخل مزرعه سراغ انبار آذوغه؟ گربه که فهمیده بود موش شناخت بهتری از سگهای مسلمان دارد گفت نه، واقعا تو بهتر مزرعه سگها را میشناسی و من زورم از تو بیشتر است و خوراکیهای بیشتری میتوانم از انبار بردارم و اگر مشکلی هم پیش بیاید بهتر می توانم بگریزم. موش گفت راستی اگر به هر دلیلی گیر افتادی و تو را دستگیر کردند بهتر است در مورد باورهایت اصرار نکنی چون آنها اصلا خدای گربه ها و آنچه تو باور داری را قبول ندارند و حتی بهتر است همان اول کار خودت بگویی که کافر هستی. گربه گفت یعنی حتی شانسم را برای توضیح دادن باورهایم آزمایش نکنم؟! شاید نظرشان را عوض کنم. موش گفت نه فقط بیشتر شکنجه ات میکنند و خدا و باورهایت را تحقیر میکنند و گفت راستی یک چیز دیگر اگر گیر افتادی به آنها بگو

که باکره هستی یعنی هم بگو کافر هستی تا زیاد شکنجه ات نکنند و هم بگو باکره هستی. گربه گفت چرا چنین بگویم؟ موش گفت سگهای مسلمان بر این باورند که اگر کسی به هر دلیلی کشته شود و باکره باشد وارد بهشت خواهد شد و چون آنها بهشت را مختص مسلمانان می دانند پس از کشتن باکره ها میترسند زیرا بر این باورند که باکره ها وارد بهشت آنها خواهند شد پس تا باکره باشی تو را اعدام و یا سنگسار نخواهند کرد.گربه درحالی که به کعبه نگاه می کرد با خود گفت اگر این خانه سیاه چهار گوشه خانه انسان باشد براستی چگونه انسانی داخل آن زیست می کند؟ در این هنگام موش نگاهی رو به خورشید کرد و گفت فک کنم نزدیک نماز ظهر است و الان موقع رفتن است و گفت: آنها از ظاهر تو باورهایت را نمیفهمند زیرا سگهای مسلمان بسیار ظاهربینند پس فقط سعی کن میو میو نکنی و با خیال راحت برو تا نزدیک انبار آذوغه که در آنجاست و از دور انبار آذوغه را به گربه بودایی نشان داد و گفت نگاهت به اینجا باشد و وقتی که نمازشان شروع شود من با بالا و پایین پریدن به تو علامت میدهم و یعنی اینکه آنها مشغول نماز شده اند و تو باید وارد انبار شوی و خوراکی ها را برداری وبعدش را هم که خودت میدانی فرار کن و بیا.

گربه رفت و به میانه راه رسید که در این هنگام موش یادش آمد که زمان نمازخواندن موشهای مسلمان شیعه مذهب با سگهای مسلمان سنی مذهب کمی فرق می کند و گربه را کمی زودتر برای انجام عملیات فرستاده است پس خیلی خیلی از خودش عصبانی شد تا جایی که از

عصبانیت هی بالا و پایین میپرید و به خودش فحش میداد و نمیدانست چه کار کند، در همین هنگام گربه هم که نزدیک انبار آذوغه رسیده بود دید موش بالای تپه دارد بالا و پایین میپرد با خودش فکر کرد حتما کمی دیرکرده است و با عجله رفت داخل انبار آذوغه تا هر چه زودتر کار را انجام دهد موش هم که از دور داشت گربه را میدید فهمید که دوباره ناخواسته گربه را نادرست راهنمایی کرده است و این باعث عصبانیت بیش از پیش موش شد به حدی که از عصبانیت داشت منفجر میشد. پس بلا فاصله به سوی مزرعه روانه شد تا خود را به گربه برساند تا شاید بتواند عملیات را نجات دهد. در این هنگام گربه داخل انبار آذوغه بود و دید که انواع خوراکیها از شیر مرغ تا جان آدم همه چیز آنجا فراوان وجود دارد به جز شراب. پس با سرعت کوله ای را برداشت و پر از گوشت و دیگر خوراکیها کرد و کوله را که خیلی هم سنگین بود برداشت و از در انبار آذوقه بیرون آمد که ناگهان متوجه شد سگهای مسلمان همه جلوی در انبار با عصبانیتی وصف ناشدنی صف کشیده اند. اول با خودش فکر کرد که شاید دارند نماز می خوانند چون او هرگز نماز خواندن سگهای مسلمان را ندیده بود ولی وقتی دید سگها مستقیما دارند به طرف او میایند متوجه شد که گیر افتاده است. و سگها به او حمله کردند تا او را تکه تکه کنند که گربه بدون اینکه فکری کند فریاد زد و گفت من کافر هستم و باکره. چون میخواست زجرکش نشود و امیدوار بود که به خاطر باکره بودنش رهایش کنند. ناگهان همه سگها از او دور شدند و خود را به خاک و دیوار و هر چیز دیگری

میمالیدند تا قسمتهایی از بدنشان را که به گربه خورده بود پاک کنند زیرا سگهای مسلمان غیر مسلمانان را نجس میدانستند. گربه با خوش فکر کرد راهنمایی های موش باعث نجاتش شده است و کمی احساس خوشحالی کرد ولی این خوشحالی دوامی نداشت زیرا دو تا سگ درحالیکه با خود آیه های ضد نجاست را زمزمه می کردند نزدیک شدند و گربه را دستبند به دستها و پابند به پا ها زدند و روانه زندان کردند. موش هم در همان دوروبر شاهد ماجرا بود ولی نمیدانست چه کار بکند. موش شنید که از سوی خلیفه سگها دستور صادر شده است که هرچه زودتر گربه را محاکمه بکنند و دید که خیلی زود دادگاهی تشکیل داده شد گروهی سگ به محل هیئت منصفه نشانده شدند و یک سگ که مفتی اعظم بود به جایگاه قاضی نشست و یک سگ دم بریده هم به عنوان وکیل مدافع برای گربه بودایی تعیین شد. گربه را آوردند و جلسه دادگاه رسما شروع شد نخست جرمهای گربه در دادگاه اینچنین برایش خوانده شد: گربه ناشناس متهم است به ۱- کافر بودن ۲- سرقت. سپس قاضی که یکی از مفتی های اعظم سگهای مسلمان بود رو به گربه گفت: ای گربه جرمهایت را شنیدی اکنون چه دفاعی داری؟ گربه با لحنی ملتمسانه و با ترس به مفتی اعظم گفت: ای سگ گنده و محترم خواهش می کنم توجه داشته باشید که من واقعا به آن خوراکیها نیاز داشتم زیرا بسیار گرسنه بودم و اینکه کفر من به شما و یا ایمان شما سگهای محترم آسیبی نزده است پس عاجزانه خواهش دارم که ایمان شما نیز به اینجانب آسیبی نرساند، دیگر حرفی ندارم. مفتی اعظم گفت:

آقای وکیل نظر شما در خصوص دفاع از موکلتان چه میباشد؟ سگ دم بریده در حالی که دمش را تکان می داد گفت با عرض ادب و احترام به استحضار حضرت عالی می رسانم که نظر بنده در خصوص دفاع از این گربه سیاه به نظر خلیفه مسلمین نزدیک است. مفتی اعظم پرسید: میشود بفرمایید نظر خلیفه در این مورد چه میباشد که نظر شما به نظر ایشان نزدیک است؟ سگ دم بریده که همچنان داشت دم تکام می داد گفت: راستش نظر خلیفه را نمیدانم چیست ولی هرچه باشد نظر بنده به نظر ایشان نزدیک است. قاضی رو به هیئت منصفه کرد و گفت: نظر آقای وکیل و موکلشان گربه را شنیدیم، نظر شما چه میباشد؟ در این هنگام بحث و جدلی شدید در میان هیئت منصفه درگرفت چون عده ای از اعضای هیئت منصفه نظرشان این بود که اول به خاطر دزدی پنجه های گربه کشیده شود و سپس برای اینکه گربه کافر بوده است اعدامش کنند و دلیل آنها این بود که چون آنها نخست متوجه سرقت آذوقه شدند و سپس متوجه شده بودند که گربه کافر است پس باید مجازات نیز به ترتیب انجام گیرد. عده ای دیگر نظرشان این بود که نخست گربه به خاطر کافر بودنش اعدام شود و پس از آن پنچه هایش را به خاطر سرقت بکشند و دلیلشان این بود که مجازات شدیدتر را باید در اولویت قرار داد. ولی چیزی که به شدت به بحث و مناظره سگهایی که اعضای هیئت منصفه بودند دامن میزد این بود که گربه اصلا باکره بود و اگر او را اعدام می کردند مستقیما میتوانست وارد بهشت سگهای مسلمان بشود. از اینرو یک وجه اشتراک بین همه اعضای هیئت منصفه به وجود

آمده بود که قبل از اعدام، باید گربه توسط یک سگ که دارای ایمان قوی ای باشد مورد تجاوز قرار بگیرد و بعدا اعدام گردد تا از ورود آن کافر به بهشت جلوگیری گردد. به هر روی مفتی اعظم که گفته ها و دفاعیات وکیل و موکل و نظرات هیئت منصفه را شنیده بود تصمیم گیری نمود و واق واق کنان رای دادگاه را چنین خواند: رای دادگاه اعلام می گردد: در مورد جرم کافر بودن گربه رای به اعدام ایشان صادر می گردد و از آنجایی که گربه علاوه بر کافر بودن باکره نیز می باشد لذا باید نخست توسط یک سگ که از ایمان قوی ای برخوردار باشد مورد تجاوز قرار گیرد و سپس اعدام گردد و چون پس از تجاوز زناکار خواهد بود لذا پس از تجاور نخست سنگسار بشود و سپس اعدام و در مورد جرم دوم متهم یعنی سرقت، حکم بر کشیده شدن همه پنجه های گربه پس از اعدام صادر می گردد و اما در خصوص اینکه چه کسی از میان سگهای ایمان دار به گربه تجاوز کند طبق نظر شخص خلیفه عمل خواهد شد، تجاوز قبل از نماز شام و سنگسار و اعدام و پنجه کشی نیز پس از آن به ترتیب انجام می گیرد؛ رای قطعی است.
سگ دم بریده که وکیل مدافع گربه بود گفت از محظر محترم مفتی اعظم در راستای قانون رفعت اسلامی خواهشی دارم و آن اینکه جنازه موکل بنده روی زمین نماند پس دستور فرمایید یک تابوت برای ایشان درست کنند تا پس از اعدام و سنگسار شدنش بیرون مزرعه جایی دفن شود. مفتی اعظم کمی با پایش گوشش را خاراند و گفت دفاع شما وارد است پس به زیر حکمی که صادر کرده بود اضافه کرد یک تابوت

نیز برای حمل جنازه گربه کافر درست شود . در این هنگام یک سگ زرد از میان حضار به پا خواست و واق واق کنان فریاد زد ای مسلمانان ای مومنان چرا میخواهید کسی را که از فرط گرسنگی از انبار خوراکی های انسان چیزی برداشته است را مورد تجاوز قرار دهید و به چه گناهی میخواهید اورا اعدام و سنگسار کنید؟ آیا جز این است که تمام مزرعه از آن انسان است و خوراکیها و همه چیز؟ و شما چه میدانید شاید روزی انسان به مزرعه برگردد و از اینکه در حق گربه ای بی دفاع چنین ستمی کرده اید گوش و دم همه شما را ببرد؟ و شما چه میدانید شاید انسان این گربه را از همه ما بیشتر دوست داشته باشد. چرا شما خلاف سنت پیامبر و کتاب الله فتاوای خلاف شریعت از خودتان میسازید و صادر میکنید؟... در حالیکه سگ زرد داشت واق واق کنان بر علیه رای دادگاه فریاد میزد سگهای مسلمان تاقتشان را از دست دادند و همگی به سگ زرد حمله ور شدند و تا جایی که امکان داشت او را جویدند تا اینکه دو سگ نگهبان با حکم قاضی که همان لحظه صادر شد او را جهت گذراندن حبس به جرم اقدام علیه امنیت ملی و بر هم زدن نظم دادگاه و انتشار اکاذیب روانه زندان نمودند. از قضا او را نیز در همان زندانی که قرار بود تا نماز شام گربه در آنجا نگهداری شود انداختند. و چون گربه دیده بود که سگها چه بلایی بر سر سگ زرد به خاطر اینکه از او دفاع کرده بود آورده بودند؛ جهت التیام زخمهای سگ زرد به او نزدیک شد و شروع به لیسیدن زخمهای سگ زرد نمود. سگ زرد که از رفتار گربه متاثر شده بود اشک در چشمانش حلقه زد و گفت: بابت

جنایتی که امروز در این جا از طرف سگها به تو شده است متاسفم به الله
که آنها خلاف سنت پیامبر رفتار کرده اند. گربه گفت: من سنت
پیامبرتان را نمیدانم که چیست اما سنت این سگها را خوب فهمیدم که
چیست. در این هنگام یکی از سگهای نگهبان دید که گربه دارد
زخمهای سگ زرد را لیس میزند پس با عصبانیت گفت: آری به سگ
زرد کمک کن و زخمهایش را لیس بزن چون تا نماز شام چیزی نمانده
است و به گربه خبر داد و گفت راستی میدانی چه کسی قرار است به تو
تجاوز کند؟! باورش را هم نمیتوانی بکنی که چه اندازه خلیفه در حق
تو رفعت اسلامی به خرج داده است زیرا برخی از مفتی ها که به خلیفه
مشاوره میدهند به او گفته بودند که چون کفر تو بسیار قوی است باید
چند تا مفتی به طور گروهی به تو تجاوز بکنند ولی خلیفه نظرش این
بوده که خودش شخصا به تو تجاوز بکند زیرا گفته چون ایمانش خیلی
قوی است به تنهایی از پس کفر تو برخواهد آمد. سگ زرد با شنیدن
این خبر بر آشفت و شروع کرد به فحش دادن به خلیفه. گربه گفت این
خلیفه کیست؟ سگ زرد گفت: او یک سگ نجس است از تبار آن
سگهایی که پس از مرگ پیامبر ما ادعا نمودند که جانشین او هستند و او
امامه سیاه بزرگی بر سر دارد و دوباره شروع کرد به فحش دادن. ناگهان
صدای موش از گوشه ای آمد که می گفت: هی گربه هی گربه من
اینجایم بیا این طرف. گربه و سگ زرد متوجه حضور موش در پشت
پنجره پشتی شدند و طوریکه نگهبانان متوجه نشوند به آن سمت
بازداشتگاه رفتند و سگ زرد از گربه پرسید که آیا تو این موش را

میشناسی؟ گربه پاسخ داد: آری این همان کسی است که مرا گرفتار این سگها کرده است. سگ زرد رو به موش کرد و گفت: چرا این گربه بیگناه را گرفتار این سگها کرده ای ای الدنگ. موش خود را معرفی کرد و گفت من یک مسلمان شیعه مذهب هستم و اصلا قصد چنین کاری را نداشتم. فقط فراموش کرده بودم که زمان اذان شما سگهای سنی مذهب با زمان اذان ما موشهای شیعه کمی فرق می کند و این باعث شد که گربه کمی زودتر برای انجام عملیات وارد کار شود. سگ زرد گفت کدام عملیات؟! موش ماجرای اینکه با گربه میخواستند از انبار خوراکی های انسان خوراکی هایی بردارند و پس از آن برای ملاقات با انسان تلاش کنند را برای سگ زرد تعریف کرد. سگ زرد گفت امان از دست شما شیعیان که زمان نماز را اصلا نمی دانید! و آیا واقعا فکر می کنید که انسان درون این خانه باشد؟! . گربه که تنها دوست و آشنایش اکنون موش به حساب می آمد از موش گلایه کرد و گفت: ببین از لطف تو ای موش امشب قبل از اعدام و سنگسار شدنم قرار است خود خلیفه به من تجاوز بنماید؛ اوه راستی کشیده شدن پنجه هایم را پس از مرگ فراموش کرده بودم؛ واقعا تا شب چه بلاهایی که قرار است بر سر مرده و زنده من بیاورند؛ آن هم برای نزدیک شدن به یک خانه تو خالی. موش با شنیدن اینکه خلیفه میخواهد به گربه تجاوز بکند بیش از پیش عصبانی شد و او هم شروع کرد به فحش دادن به خلیفه مسلمین. گربه گفت با فحش دادن به خلیفه این مشکل حل نمیشود. موش گفت: به شرفم قسم قول می دهم تمام تلاشم را برای

نجات تو از این مصیبت بکنم. سگ گفت کاش چاره ای برای نجاتمان از این بدبختی پیدا بکنیم. گربه گفت: چطور و چگونه میتوانیم از شر این همه سگ وحشی رها شویم واقعا چه کاری از پس یک موش تنها بر میاید؟ سگ گفت: من یک دوست دارم که در مزرعه بغلی زندگی می کند، اگر موش بتواند او را مطلع بکند قطعا اوهم هر کاری که بتواند برای نجات ما خواهد کرد. موش گفت: من خود نیز یک گرگ را می شناسم که میتوانم از او بخواهم تا به ما کمک بکند. سگ گفت: پس اول برو به مزرعه بغلی که در تصرف میمون های مسیحی است، آنجا که رسیدی برو به کلیسای لعنت کنندگان مسیح و سراغ میمون قهوه ای را بگیر، او مسئول ساخت شراب برای اعیاد مسیحی میمونهاست. او را که دیدی به او بگو که سگ زرد به همراه یک گربه سیاه بدجوری در مخمصه گیر افتاده است و به کمک تو احتیاج دارد و هرکاری میتوانی برایشان بکن. موش گفت: باشد پس نخست میروم تا میمون قهوه ای را با خبر کنم و سپس میروم به کوه سنجار که وادی گرگهای زرتشتی است تا گرگ خاکستری را از موضوع بیاگاهانم تا به ما کمک بکند و رفت.

او به مزرعه میمونها رفت و وارد کلیسای لعنت کنندگان مسیح شد و پرسید میمون قهوه ای کیست؟ میمون ها با اکراه او را نشان دادند موش پیش میمون قهوه ای رفت و در گوشش ماجرای به زندان افتادن سگ زرد و گربه سیاه را تعریف کرد. میمون با شنیدن ماجرا مضطرب و غمگین شد و اندکی به فکر فرو رفت و گفت: اکنون باید نقشه ای

بکشیم تا بتوانیم قبل از اینکه دیر شود آنها را نجات بدهیم. پس آنها در گوشه ای از مزرعه میمونها نشستن و برای اینکه چطور سگ زرد و گربه سیاه را نجات دهند نقشه کشی کردن و پس از مشورت به این نتیجه رسیدند که یکی از آنها باید هواس سگها را پرت کند و یکیشان هم همزمان باید برود و سگ زرد و گربه سیاه را از زندان برهاند. موش گفت: من میتوانم با کمک گرگ خاکستری هواس سگها را پرت کنم و حتی آنها را از مزرعه بیرون بکشانم و دور کنم. میمون گفت: خوبست من هم میتوانم بروم و سگ زرد و گربه سیاه را از زندان آزاد کنم و از مزرعه فراری دهم. موش گفت خیلی خوبست فقط یک مشکلی وجود دارد و آن اینست که سگ زرد خیلی زخم خورده است و شاید خودش نتواند با پاهای خودش فرار کند و هم اینکه من مطمئن نیستم که آیا گرگ حاضر خواهد شد که با ما همکاری کند یا نه.
میمون گفت: من یک دوست دارم که او یک الاغ سفید است و در مزرعه الاغهای یهودی زندگی میکند. من میتوانم از او بخواهم که امشب با من بیاید تا سگ زرد را بر پشت او بار کنم پس در این باره مشکلی نخواهیم داشت. موش گفت پس من میروم سراغ گرگ خاکستری و اگر او حاضر شد که به ما کمک کند از او خواهم خواست که نزدیک مزرعه سگها بر روی تپه زوزه بکشد تا سگها هواسشان پرت شود. پس اگر صدای زوزه گرگ را شنیدید یعنی گرگ خاکستری هم با ماست و عملیات شروع شده است و تو و الاغ سفید باید همزمان دست به کار شوید. میمون گفت بسیارخوب فقط پس از پایان کار کجا

۲۵ یکدیگر را ببینیم؟ موش گفت: آن دره ای که میگویند قبر خالی انسان آنجاست چطور است؟ میمون گفت: قبر خالی مسیح را می گویی؟ موش گفت آری. میمون گفت خوبست پس یکدیگر را همانجا خواهیم دید. پس میمون رفت سراغ الاغ سفید و برای او ماجرا را تعریف کرد تا او را برای کمک همراه کند. اما الاغ سفید پس از شنیدن اینکه سگ زرد به همراه یک گربه سیاه به زندان افتاده اند و جانشان در خطر است گفت: ای میمون ببین من از این الاغهای یهودی که از صبح تا شب زیر دیوار ندبه میرینند و بوی گهشان تمام دهکده را به گند کشیده است بیزارم اما چطور می توانم در نجات دادن یک سگ مسلمان به تو کمک کنم و تو خودت میدانی که اجداد ما الاغهای یهودی به دستور انسان خانه انسان را برای او ساختند و اما امروز این سگهای نجس مسلمان، ما را حتی از نزدیک شدن به خانه انسان منع می کنند و سهم ما از خانه انسان همین دیوار مزرعه شده است. پس من برای کمک کردن به یک سگ نمیتوانم تو را کمک کنم و آن گربه خودش میتواند فرار کند اگر تو بتوانی او را فراری دهی. میمون که میدانست جان سگ زرد که بسیار زخمی شده بود و همینطور گربه در خطر است گفت: من نیامده ام که تاریخ را به قضاوت بنشینم و نمیدانم کدام یک از شما الاغهای یهودی یا سگهای مسلمان نزد انسان محبوبتر هستید یا بودید. من فقط میدانم آن سگی که در زندان است از سر آزادگی به رسم انسان رفتار کرده است و توسط همان سگهای نجسی که تو می گویی زخمی شده و دارد در زندان جان میدهد و آن گربه بی هیچ گناهی تنها به خاطر اینکه می

خواسته از انبار آذوغه انسان چیزی بردارد به چنین حکم بی شرمانه ای گرفتار شده است. و اکنون این اختیار و تصمیم توست که ما را امشب یاری کنی یا نکنی. الاغ سفید کمی اندیشید و دانست که حق با میمون است پس گفت باشد با تو موافقم بهتر است تاریخ را به قضاوت ننشینیم و بهتر است اکنون که حتی نشانه های انسانیت در خطر نابودی افتاده است کاری بکنیم و من امشب با شما هستم. میمون خوشحال شد و نقشه را به او گفت و گفت همچنان که میدانی من با برخی از سگهای مسلمان رابطه خوبی دارم و به آنها دور از چشم پاپ شراب میفروشم و آنها نیز پنهان از خلیفه شان شراب مینوشند پس امشب با هم میرویم و من جلوتر میرم و به نگهبانان شراب میدهم و در عوض از آنها میخواهم تا بگذارند به ملاقات سگ زرد و گربه سیاه بروم البته قبلا شراب را آلوده به داروی خواب آور قوی ای میکنم تا نگهبانان به خواب فرو روند و بعد میتوانم باقی کار را انجام دهم اما ما باید منتظر علامت زوزه گرگ باشیم تا موش به همراه گرگ هواس سگها را به آن سوی مزرعه سگها پرت کنند. الاغ گفت واقعا نقشه هوشمندانه ای کشیدید و طبق نقشه در گوشه ای منتظر زوزه گرگ نشستند. و اما موش تازه پیش گرگ رسیده بود و پس از سلام به گرگ خاکستری بلا فاصله ماجرا را برای گرگ تعریف کرد و از او خواست که برای نجات سگ زرد و گربه سیاه به آنها کمک کند. گرگ پس از شنیدن ماجرا به موش گفت: تو میدانی که نیاکان زرتشتی ما گرگها پیش از اینکه سگها و یا الاغها انسان را بشناسند انسان را میشناختند و به رسم انسان زیست می کردند تا اینکه

سگهای مسلمان به وادی ما حمله کردند و همه آثار انسانی ما را نابود کردند. پس از من نخواه که برای نجات یک سگ به تو کمکی بکنم. موش به گرگ گفت: آیا میخواهی تاریخ را به قضاوت بنشینی حال آنکه ما خود تاریخ آینده گانیم پس آیندگان چه قضاوتی درباره ما خواهند کرد وقتی بفهمند من و تو به بهانه کینه های تاریخیمان قدمی برای نجات انسانیت برنداشته ایم؛ راستش نمیدانم اصلا آیندگان تاریخ را خواهند خواند و یا اصلا آینده ای وجود داشته باشد یا نه. گرگ گفت: منظورت چیست که میگویی اصلا آینده ای وجود داشته باشد یا نه؟ موش گفت: آیا تو برای دهکده ای که غرق در فساد و تباهیست و انسانیت در جای جایش به هر بهانه ای محکوم به نابودیست میتوانی آینده ای را متصور باشی؟ گرگ گفت: انسان هرجایی رفته باشد دوباره به دهکده بازخواهد گشت و انسانیت را احیاء خواهد کرد و تباهی و فساد را از دهکده ریشه کن خواهد کرد و من به امید آن روز زنده ام. موش گفت: چگونه انسان به دهکده برگردد حال آنکه اثری از انسانیت در دهکده باقی نمانده باشد. بسا که انسانی به دهکده برگردد و چون اثری از انسانیت در دهکده باقی نمانده باشد حیوانات دهکده بر علیه او قیام کنند و او را همچون یکی از خودشان سلاخی کنند همچنان که در تاریخ دهکده چنین رویدادهایی بوده است؛ من دیگر حرفی ندارم و اکنون این انتخاب توست که برای نجات انسانیت برخیزی و به ما کمک کنی و یا اینکه بنشینی به انتظار اینکه شاید انسانی به دهکده بیاید. گرگ با خود کمی اندیشید و دید حق با موش است پس پذیرفت و گفت

درست می گویی حق با توست بهتر است نگذاریم چراغ انسانیت در دهکده خاموش شود تا امیدی باشد برای بازگشت انسان و پرسید خب اکنون چه کاری از دست من برمیاید؟ موش نقشه ای که با میمون کشیده بودند را برای گرگ تعریف کرد و گفت طبق نقشه باید پیش از نماز خواندن سگهای مسلمان نزدیک دهکده باشیم و آنگاه تو زوزه بکشی و هواس آنها را متوجه ما بکنی تا آنها ما را دنبال کنند و آنقدر آنها را دنبال خودمان بکشانیم که میمون و الاغ فرصت پیدا کنند که سگ و گربه را نجات دهند. گرگ از نقشه هوشمندانه ای که موش و میمون کشیده بودند خوشش آمد و طبق نقشه همراه با موش آمد و بر روی تپه کوچکی که نزدیک مزرعه سگهای مسلمان بود منتظر ایستادند تا نزدیک غروب و موش به گرگ گفت اکنون و گرگ زوزه کشید.

در دهکده گوسفندان زیادی وجود داشتند به گونه ای که در هر مزرعه یا وادی و یا هر جای دهکده تعداد فراوانی گوسفند بود و دلیلش هم این بود که در غیبت انسان در هر گونه ای از حیوانات چه زرتشتی و بودایی و مسلمان و مسیحی و یهودی و همه دیگر گونه ها روحانیون مذهبی و سیاستمدارانشان از طرف انسان برای آنها چیزهایی را حرام و چیزهایی را حلال می کردند و عده بسیاری در همه امور ، سیاسی اقتصادی و فرهنگی و هر کاری حتی کارها و رفتارهای شخصی اشان بدون چون و چرا و ذره ای تفکر تا حد پرستش آنها را پیروی می کردند و حاضر بودند همیشه قربانی روحانیون مذهبی و سیاستمدارانشان باشند. برای همین در آنها یک جهش معکوس ژنتیکی اتفاق افتاده بود و

همه آنها تبدیل به گوسفند شده بودند و هر گاه هم که بین حیوانات دهکده جنگی در می گرفت این گوسفندان بودند که قربانی و فدا می شدند یعنی گوسفندان هر مزرعه بازیچه دست روحانیون و سیاستمدارانشان بودند. به هر روی با بلند شدن صدای زوزه گرگ میمون و الاغ متوجه شدند که عملیات طبق نقشه شروع شده است پس رفتند به مزرعه سگها، آنجاییکه گربه و سگ نگهداری میشدند و چون حیوانات مزرعه همه برای دفع حمله احتمالی گرگ در تکاپو بودند کسی مانع یا متوجه میمون و الاغ نشد و همانطور که میمون برنامه ریزی کرده بود به سگهای نگهبان شرابی خواب آور داد و از آنها خواست تا بگذارند که ملاقاتی با سگ زرد و گربه سیاه داشته باشد. نگهبانان هم پذیرفتند و شراب را گرفته و نوشیدند میمون هم رفت داخل زندان و با سگ زرد و گربه سیاه ملاقات کرد و به آنها گفت به زودی آزاد خواهید شد و آماده برای فرار باشید. همینطور که میمون به آنها نقشه فرار را توضیح می داد صدای به زمین خوردن سگهای نگهبان را شنید که از تاثیر شراب خواب آور به خواب رفته بودند پس رفت کلید زندان را از جیب آنها در آورد و سگ و گربه را باز و آزاد کرد و سوت کشید تا الاغ هم خودش را برساند و بدون معطلی سگ را داخل تابوتی که برای جنازه گربه آماده کرده بودند و در کنار زندان بود گذاشت و تابوت را بر پشت الاغ بست و به گربه گفت که باید از سمت دیگر مزرعه فرار کنند. گربه گفت بسیار خب اما اگر ممکن است کیسه آذوقه را نیز از انبار برداریم. الاق گفت باشد برویم آنرا هم برداریم زیرا

در این هیاهو کسی متوجه ما نخواهد شد. پس رفتند و کیسه آذوقه را نیز برداشتن و داخل تابوت گذاشتند و سپس از سمت دیگر مزرعه سگهای مسلمان فرار نمودند . تعقیب و گریز تا پاسی از شب به طول انجامید و نقشه فرار با موفقیت به انجام رسید.

سگهای مزرعه پس از بازگشت از تعقیب گرگ دیدند که به هیچکدام از گوسفندان مزرعه آسیبی نرسیده است اما متوجه شدند که سگ و گربه فرار کرده اند و همینطور مقدار زیادی آذوقه با خود برده اند. خبر به خلیفه رسید و خلیفه که درمانده و عقیم مانده بود از عصبانیت برآشفت و دستور داد تا تحقیقات جامعی انجام گیرد تا مشخص شود چطور و چگونه سگ زرد و گربه فرار کرده اند. در مزرعه میمون ها هم اتفاقی افتاده بود. میمون قهوه ای که مسئول تهیه و پخش شراب برای اعیاد مسیحی میمونها بود غیبش زده بود و خمره شراب مخصوص نیز مفقود شده بود پس پاپ نیز دستور داد تا تحقیقات جامعی برای یافتن میمون قهوه ای و خمره شراب صورت پذیرد. آنطرف در مزرعه الاغهای یهودی نیز وضع به همین منوال بود خاخام بزرگ متوجه شد که الاغ سفید که هر شب گه الاغهای یهودی که هنگام مناجات زیردیوار مقدس میریدند را پاک میکرد حضور ندارد و خاخام بزرگ که الاغ پیر بزرگی بود نیز دستور مشابهی صادر کرد تا تحقیق شود که الاغ سفید به کدام گوری رفته است. اما در نیمه های شب میمون مسیحی و سگ مسلمان سنی مذهب و گربه بودایی و الاغ یهودی و موش مسلمان شیعه مذهب و گرگ زرتشتی همگی در نزدیکی قبر

خالی انسان به یکدیگر پیوستند و تصمیم گرفتند که تا صبح در همانجا استراحت کنند.

الاغ وقتی تابوتی که سگ و آذوغه ها در آن بود را از روی دوشش برداشتند رو به میمون کرد و گفت: آخیش بهتر است کمی استراحت بکنیم و صبح زود هنوز کسی متوجه عدم حضور ما نشده است هر کدام به مزرعه خود برگردیم. میمون گفت آنها همین الان هم متوجه عدم حضور ما شده اند و احتمالا تا صبح و یا قبل از ظهر همه چیز را درباره فرار ما میفهمند و اگر به مزرعه هایمان برگردیم ما را مورد محاکمه و بازخواست قرار می دهند و معلوم نیست چه مجازاتی برای ما در نظر بگیرند. سگ رو به دیگر همراهان کرد و گفت بابت اینکه خودتان را به خاطر ما به خطر انداختید از همه شما سپاسگذارم و قدردان فداکاری شما هستم. گرگ گفت: راستش زمانی که فهمیدم به شما به خاطر انسانیتتان چنین ستمی کرده اند تاب نیاوردم و بی معطلی آمدم و اعتراف می کنم که هر کاری کردم به خاطر انسانیت بوده است. گربه هم از موش و از همه دیگر حیوانات سپاسگذاری کرد و گفت کاش میشد بتوانم فداکاری شما را جبران کنم ولی واقعا شما کار بزرگی برای ما کرده اید. موش گفت: راستش گرگ درست گفت و ما هر کاری که کرده ایم به خاطر انسانیت بوده است و البته من هم از گرگ و الاغ و میمون و سگ به خاطر کار بزرگی که کرده اند سپاسگذارم زیرا همه این اتفاقات به خاطر اشتباه من رخ داد وگرنه گربه و سگ گرفتار نمیشدند. میمون گفت راستش من هیچ نیازی به تشکر نمیبینم و فک می

کنم زندگی در دهکده ای که در آن انسانیت نباشد ارزشی ندارد. الاغ با خنده به گربه گفت: آن همه آذوغه را که از انبار انسان برداشته بودی کجا میخواستی ببری آیا میخواستی با آنها تجارتی راه بیندازی؟ زیرا کیسه آذوغه ای که پر کرده بودی بسیار سنگین بود. گربه گفت: راستش من و موش با هم میخواستیم راه راستی را بیابیم یعنی همان راه انسانیت را و چون من هم فکر می کردم شاید سفرمان طولانی شود پس تا جاییکه میتوانستم گوشت و دیگر خوردنی ها را در کوله ریختم به طوری که اگر سگها هم مرا دستگیر نمیکردند خودم هم نمیتوانستم با آن همه آذوقه حتی از دهکده بیرون بیایم. گرگ گفت: پس تو و موش برنامه داشتید که راه راستی را بیابید؟ اما برای چه؟ موش پاسخ داد: معلوم است چون راه راستی راه انسان است و ما میخواستیم شانسمان را برای پیدا کردن انسان بیازمائیم، همه ما میدانیم که انسان است که راه بقا را میداند پس اگر ما بتوانیم انسان را پیدا کنیم میتوانیم راه بقا را از او بپرسیم و کسی چه میداند شاید حتی بتوانیم او را با خود به دهکده بازگردانیم تا دهکده را از خطر نابودی نجات دهد. گرگ و میمون و الاغ و سگ همگی سکوت کردند چون آنها در دهکده زندگی می کردند و همه روزه درگیر کارهای روزمره مزرعه هایشان بودند و حتی گرگ که در کوهستان سنجار زندگی می کرد هم زندگیش به آنچه در دهکده میگذشت پیوسته بود در نتیجه هیچکدام از آنها تا به آنهنگام به این موضوع ظریف فکر نکرده بودند که اصلا شاید راهی برای بازگشت انسان و درنتیجه انسانیت به دهکده وجود داشته باشد. ولی موش و گربه

که آنسوی یکی از کوههای پرت دهکده زندگی می کردند از دهکده و های و هویش دور بودند و توانسته بودند به انسان و انسانیت فکر کنند هر چند که آن هم بر اثر یک اتفاق عجیب بود که برای موش و گربه پیش آمده بود و اندیشه آنها را به گونه ای ماورایی در مسیر اندیشیدن به انسانیت قرار داده بود. یعنی همان جایی که موش به دام گربه افتاده بود و تنها توسل به انسانیت را راه نجات خود یافت. به هر حال پس از چند لحظه سکوت الاغ آر آر کنان گفت: حالا که میمون می گوید بر گشتمان به مزرعه هایمان ممکن است ما را به دردسر بیندازد من هم میخواهم با موش و گربه هم سفر شوم البته اگر موش و گربه مرا بپذیرند، و من میتوانم در حمل آذوغه به آنها کمک کنم. موش و گربه گفتند: راه راستی راه انسان است و متعلق به همه حیوانات می باشد نیازی به پذیرش ما نیست و بی شک همسفری مانند تو کمک بزرگی برای ما خواهد بود. میمون هم گفت: چه فکر خوبی کردی ای الاغ من هم با شما میآیم. سگ هم که کمی دردش آرام شده بود گفت من هم با شما میایم. گرگ هم گفت آری بسیار خوبست من هم هستم و راه راستی را خواهیم یافت و انسان را پیدا خواهیم کرد. گروه پس از اینکه تصمیم به همراه شدن گرفتند همانجا شب را تا صبح استراحت نمودند.

اما در دهکده، سگها از یک سو و الاغ ها از سویی دیگر و میمون ها هم از سویی سخت مشغول بو کشیدن و رد زنی بودند و نتیجتا رد پای میمون و الاغ و گربه را یافتند که از سوی دیگر دهکده، دهکده را ترک کرده بودند و چون رد پای سگ زرد را پیدا نکردند به این نتیجه

رسیدند که قطعا سگ زرد باید بر پشت الاغ سوار شده باشد و این به آن معنا بود که با یک نقشه بسیار سطح بالا و حرفه ای، گروهی از حیوانات با دین و نژاد متفاوت موفق به انجام عملیات هدفمند و فرا مزرعه ای شده بودند. نتیجه تحقیقات به خلیفه سگها و پاپ میمون ها و خاخام الاغ ها رسید و آنها متوجه شدند که موضوع پیش آمده یک موضوع بین المزرعه ای است. پس نمایندگان خود در سازمان مزارع متحد دهکده را آگاه ساختند و از آنها خواستند تا موضوع عملیات فرار را در شورای عالی امنیت سازمان مزارع متحد مطرح کنند.

حیوانات دهکده یک سازمان برای گوسفندان دهکده تاسیس کرده بودند تا گوسفندان با هر دین و مذهب و نژادی از هر مزرعه ای بتوانند مشکلات بین المزرعه ای خود را به طور متمدنانه و بدور از جنگ و خشونت رفع و رجوع کنند. اما آنچه که در حقیقت وجود داشت این بود که هیچکدام از گوسفندان دهکده حتی اجازه ورود به سازمان مزارع متحد را نداشتند و هیچ گوسفندی در سازمان مزارع متحد سمتی نداشت ولو به عنوان آبدارچی. و در واقع این سگهای مسلمان و میمون های مسیحی و گربه های بودایی و الاغهای یهودی و دیگر حیوانات دهکده بودند که در آنجا هر کدام بخشی از کار سازمان را انجام می دادند و اصولا همین حیوانات برای اینکه به حکومتها و سیاستهایشان در سراسر دهکده مشروعیت بین المزرعه ای بدهند این سازمان را تاسیس کرده بودند.

۳۵ به هر حال قبل از ظهر نمایندگان حیوانات دهکده در شورای عالی امنیت سازمان مزارع متحد وارد شور شدند و پس از متهم نمودن گروه حیوانات فراری به پیروی از آیین شیطان آنها را شیطان پرست دانسته و حکم بر دستگیری آنها جهت سوزاندنشان صادر نمودند؛ و پیرو همین حکم جایزه ای برای مرده یا زنده هر کدام از حیوانات فراری از سوی سازمان مزارع متحد در نظر گرفته شد و این جز معدود مسائلی بود که بدون هیچ مخالفتی با رای تمام اعضای سازمان به تصویب شورای عالی امنیت سازمان مزارع متحد رسید. زیرا چون معمولا همه حیوانات دهکده به طور مستقیم یا غیر مستقیم در شورای عالی امنیت سازمان مزارع متحد حق وتو داشتند عملا هیچ تصمیمی در راستای حل مشکلات گوسفندان دهکده در سازمانشان گرفته نمیشد. مثلا سگهای مسلمان که دارای حق وتو نبودند هم میتوانستند در عوض خون الله یا لیسیدن کون دیگر اعضاء از حق وتو دیگر اعضا بهرمند شوند.

اما شیطان پرستان چه کسانی بودند؟ بر پایه برخی از اراجیف مقدس در دهکده آفریدگار دهکده چندین نوع جانور را آفریده بود و یکی از انواع جانوران بسیار مورد پسند آفریدگار قرار گرفته بود که نامش را انسان گذاشته بود. و بر پایه همین اراجیف مقدس تمام دهکده نیز برای انسان ساخته و پرداخته شده بود و همه حیوانات دهکده خود را از نژاد همان انسان می دانستند. و شیطان یکی از دیگر آفریده های آفریدگارشان بود که از روی حسادت به دشمنی با انسان برخواسته بود. نتیجتا بین شیطان و انسان دشمنی به وجود آمده بود و بر طبق اراجیف

مقدس یا دسته کم بر پایه باور حیوانات دهکده مقصر دشمنی به وجود آمده شیطان بود لذا تمامی حیوانات دهکده شیطان را لعن می کردند و از او متنفر بودند بنابراین شیطان پرستی گناهی نابخشودنی بود که سزایش آتش بود. ولی واقعا شیطان و شیطان پرستان در دهکده وجود حقیقی نداشتند و شیطان پرستی تنها یک اتهام ساختگی بود که هر وقت حیوانات دهکده کس یا کسانی را که عقایدشان را نمیفهمیدند یا نمیخواستند بفهمند و یا به هر دلیل دیگری باورهای آنها را خلاف منافع خود میدیدند و می خواستند محکوم کنند و دلیل منطقی و قانع کننده ای پیدا نمی کردند آنها را به شیطان پرستی متهم می کردند. اما در دهکده همیشه این شایعه نیز وجود داشت که در جایی از وادی مارها شیطان و شیطان پرستان وجود دارند.

وادی مارها در غرب دهکده بود و مارها مدعی بودند که در وادی آنها داشتن هر نوع عقیده و باوری قانونی است و داشتن هر رنگ و نژاد و زبانی در وادی آنها آزاد است. ولی آنها هم همیشه حضور شیطان و یا شیطان پرستان را در وادی خود تکذیب می کردند. مارها به طور کلی گروهی از حیوانات بودند که از مزارع شرقی دهکده به اجبار یا اختیار به وادی مارها مهاجرت کرده بودند. وادی مارها از نخست وادی مارها نبود بلکه مارها آن وادی را در بخش غربی دهکده پیدا کرده بودند و پس از قتل عام حیوانات بومی آنجا در آن سکونت یافته بودند و نام آن وادی را ماریکا گذاشته بودند یعنی مارها هم از حیوانات دهکده بودند و تنها به دلیل اینکه آنها همیشه از نام همه ادیان رایج در دهکده جهت

اهداف پلید خود استفاده می کردند دچار یک جهش ژنتیکی کج شده بودند و تبدل به مار شده بودند و چون مارها مجبور شده بودند که مستقل از باقی دهکده به زندگی خود ادامه دهند نتیجتا توانسته بودند در عرصه دانش و تکنولوژی به پیشرفتهای چشمگیری دست پیدا کنند مثلا یکی از پیشرفته ترین اختراعات مارها سوزن بود که آنها با استفاده از سوزن و موی شیطان میتوانستند هر چیزی را به هم بدوزند و حتی توانسته بودند پوشاکی بسازند که هر حیوانی آن لباس را می پوشید فرهنگ، نژاد و دینش به کلی همرنگ دیگران میشد به گونه ای که همه دیگر حیوانات او را هم دین و هم نژاد خود می پنداشتند مگر اینکه خودش نژاد و هویت اصلیش را فاش میکرد و همه مارها هم این لباس را برتن داشتند و شاید هم همین خاصیت جادویی لباس مارها تا حد زیادی مانع درگیریهای نژادی و مذهبی در وادی مارها شده بود و نتیجتا بستری برای پیشرفت بیش از پیش تکنولوژی برای مارها فراهم کرده بود و مارها هم خیلی به لباسشان افتخار می کردند و آنرا هویت ماریکایی مینامیدند و بسیاری کارهای دیگر که از مارها بر میآمد. و موی شیطان نیز یک هدیه شیطانی از سوی خود شیطان به ایشان بود ولی خب باز هم مارها شیطانی بودن موی شیطان را تکذیب می کردند و آنرا نیز دست آورد دیگری از تکنولوژی برای فرهنگ خود میدانستند.
ناگفته نماند که خود مارها هم در سازمان مزارع متحد نماینده داشتند بنابراین خبر فرار گروهی از حیوانات از دهکده زیر نام شیطان پرستی به گوش رئیس جمهور مارها نیز رسید.

مارها برای رهبری و اداره امور وادیشان یک مار را به عنوان رئیس جمهور انتخاب می کردند و رئیس جمهور مارها نه بر اساس دانش یا ادعای آن مار از اراجیف مقدس مشخص میشد بلکه با رای مارها مشخص میشد ولی به هر حال نتیجه آرای مارها همیشه یک مار افعی بود.

در وادی مارها رئیس جمهور مارها پس از شنیدن خبر فرار گروهی از حیوانات از مزارع در دهکده دستور داد تا جلسه ای برگزار شود و جلسه برگزار گردید و او به وزیرهایش مطرح کرد که میخواهد از گروه شیطان پرستی که از دهکده فرار کرده اند جهت مهاجرت به ماریکا دعوت کند؛ که یکی از وزیران مارها که یک مار زنگی بسیار هشیار بود گفت جناب رئیس جمهور چرا میخواهید از کسانی که به اتهام شیطان پرستی در دهکده تحت تعقیب قرار گرفته اند برای مهاجرت به وادی مقدسمان ماریکا دعوت بکنید؟ حال آنکه ما همیشه حضور شیطان و شیطان پرستان را در وادی خود تکذیب کرده ایم؟ رئیس جمهور مارها گفت زیرا میخواهم از عقایدشان سر در بیاوریم شاید برای اهدافی که داریم بتوانیم از آنها هم استفاده کنیم. مار زنگی گفت: اگر اطلاعاتی که مبنی بر شیطان پرست بودن آن گروه فراری از دهکده داریم اشتباه باشد و آنها واقعا شیطان پرست نباشند چه؟ و ما از آنها جهت مهاجرت به وادی مقدسمان دعوت کنیم چه خواهد شد؟! شاید اصلا خبر جعلی باشد و ما به جای یک گروه شیطان پرست گروهی از سگهای تروریست یا الاغهای نژاد پرست یا هر نوع دیگر از حیوانات بی

فرهنگ دهکده را به وادی مقدسمان راه داده باشیم. و تازه ما چیز زیادی از شیطان و شیطان پرستان نمیدانیم و اطلاعات ما در باره شیطان همانقدر است که درباره انسان پس حتی اگر آنها شیطان پرست هم باشند باز هم به آن معنا نیست که همراه و دوست ما محسوب شوند؛ آنها مانند یک معمای حل نشده میمانند که معلوم نیست اگر هویت آنها به درستی معلوم شود دوست یا دشمن چه کسانی می باشند. در این هنگام مار افعی که رئیس جمهور مارها بود گفت آری درست می گویی پس چه باید بکنیم اگر این یک فرصت بزرگی برای ما باشد و ما آنرا از دست بدهیم؟ مار کبری که یکی دیگر از وزیران بود گفت: به نظر بنده بهتر است در هر حالت طبق پیشنهاد رئیس جمهور عمل کنیم ولی به این گونه که اگر آن گروه واقعا شیطان پرست نباشند و یا به هر روی عقایدشان به درد ما نخورد دست کم با شکنجه کردنشان خواهیم فهمید که چرا دیگر رهبران دهکده دست به چنین جعل اطلاعاتی زده اند و هدفشان چیست و پس از آن هم که مشخص است باید آنها را سر به نیست بکنیم و به جارکش ها بگوییم که چنین منتشر کنند که آنها قصد انجام عملیات تروریستی در سرزمین مقدسمان را داشته اند. پس وزیران و رئیس جمهور تصمیم خود را گرفتند و قرار شد که برای دعوت از گروه فراری مار زنگی را که بسیار هوشمند بود به جستجوی آنها بفرستند.

از آنجایی که مارها از تکنولوژی سطح بالایی برخوردار بودند و نیز اینکه همیشه اطراف دهکده را زیر نظر داشتند خیلی زود مار زنگی

توانست زودتر از دیگر جانوران دهکده گروه حیوانات فراری را قبل از ظهر پیدا کند. و آنها را در زیر درخت نفرین شده انجیر کنار قبر خالی انسان پیدا کرد، وقتی آنها را دید کمی متعجب شد زیرا حیواناتی که به وادی مارها به طور گروهی مهاجرت می کردند معمولا همه از یک گونه بودند مثلا یک گله سگ مسلمان یا یک گله الاغ یهودی و ...
پس به آنها مشکوک شد به هر حال آنها را با ملایمت بیدار کرد و همه گروه بیدار شدند و چون مار لباس ماریکایی داشت همه گروه فکر می کردند که او هم یکی از آنهاست پس بدون ترس و واهمه به او نگریستند. موش پرسید دنبال چه می گردی؟ مار گفت: راستش شما را اینجا دور از دهکده دیدم خواستم ببینم برای چه اینجا آمده اید. میمون کمی با احتیاط پاسخ داد و گفت ما گروهی دوست هستیم که برای تفریح به اینجا آمده ایم و دیشب را هم اینجا مانده ایم. مار زنگی با دیدن سگ که زخمی بود گفت چه بر سر رفیقتان آمده است؟ و چشمش به کوله بار آذوغه افتاد که خوراکیهای فراوانی داشت و پرسید: آیا برای یک شب تفریح اینهمه آذوغه نیاز داشتید؟ من فکر می کنم شما دزدانید. سگ گفت نه ما دزد نیستیم فقط چون برنامه یک سفر طولانی را در سر داریم آذوغه زیادی نیز با خود آورده ایم و من نیز توسط فامیلهایم این چنین شده ام زیرا آنها قبل از سفرمان مانع آمدن دوستمان گربه به همراه ما شده بودند و من از آنها گله مند شدم. گرگ گفت تو با ما چه کار داری اصلا به تو چه ربطی دارد که ما کی هستیم و اینجا چه کار می کنیم؟ مار گفت من از ماریکا آمده ام و دنبال یک

گروه از میگردم که از دهکده فرار کرده اند و اکنون اینترپل دهکده دنبال آنهاست. موش گفت مگر آنها چه کار کرده اند که تحت تعقیب قرار گرفته اند و چه اتهامی دارند که اینترپل دنبال آنهاست؟ مار زنگی گفت فقط میدانم آنها به جرم شیطان پرستی محکوم به سوزانده شدن شده اند. گروه با شنیدن تحت تعقیب قرار گرفتنشان توسط اینترپل آنهم زیر نام شیطان پرست بسیار شگفت زده و نگران شدند زیرا شدیدترین مجازاتها در دهکده در انتظارشان بود. گروه که همگی مضطرب شده بودند هرکدامشان چیزی گفت. میمون گفت حالا تو از ماریکا آمده ای دنبال آنها میگردی برای چه؟ الاغ گفت اصلا مگر به قیافه ما میخورد که شیطان پرست باشیم. سگ گفت الله اکبر، ما آنها نیستیم. مار گفت من از طرف خود ریاست جمهوری مارها ماموریت دارم تا آنها را به وادی مارها دعوت کنم اما گویا شما واقعا آن گروه شیطان پرست نیستید. گربه گفت راستش ما نه شیطان پرست هستیم و نه دزد، فقط مرا سگهای مسلمان بی هیچ گناهی به زندان انداخته بودند و این همراهان به من کمک کردند تا نجات پیدا کنم و آنچه که به گوش شما رسیده است شایعات دروغین است. مار زنگی گفت آنطور که به نظر میاید به هر حال شما نمیتوانید به دهکده برگردید چرا که حتی اگر اتهامهای شما شایعه و دروغ هم باشد باز هم تا شما بخواهید ثابت کنید که چنان نیست حیوانات دهکده شما را زنده زنده خواهند سوزانید؛ حالا میخواهید چه کار کنید؟! به هر حال من از طرف رئیس جمهور مارها میتوانم شما را به وادی مارها دعوت کنم و مطمئنم که شما میتوانید در

آنجا تا مدتی به زندگیتان ادامه دهید. گرگ گفت ما قصد برگشتن به دهکده را نداریم تا آنها بخواهند ما را زنده زنده بسوزانند و نه قصد پناهنده شدن به ماریکا را. مار زنگی که میخواست ماموریتش را به خوبی انجام دهد گفت ما در وادی مارها پزشکان خوبی داریم و میتوانیم دوست شما سگ را نیز معالجه کنیم و شما میتوانید در مورد این که میخواهید چه کاری کنید آنجا تصمیم بگیرید. حیوانات گروه که مار را یکی از خودشان میپنداشتند تصمیم گرفتند که واقعیت ماجرا را کاملا به مار زنگی بگویند و تمام ماجرا را از اول تا همان لحظه برای مار تعریف کردند و گفتند راستش تمام آنچه بر سر ما آمده به خاطر یک ذره انسانیت بوده است که ما به خرج داده ایم و اصلا هم پشیمان نیستیم و حتی میخواهیم ادامه زندگیمان را در سفری که پیش رو داریم وقف پیدا کردن انسان و انسانیت بکنیم و از پیشنهاد شما سپاسگذاریم ولی نیمتوانیم به راحتی بپذیریم، پس بگذارید کمی درباره اش فکر کنیم. مار زنگی گفت باشد من منتظر شنیدن نظر شما هستم و کمی شما را تنها میگذاریم تا شما راحت بتوانید با هم مشورت بکنید و تصمیمتان را در مورد آمدن به ماریکا بگیرید. پس مار زنگی به کناری رفت و حیوانات گروه مشغول مشورت و گمانه زنی شدند و مار زنگی هم جداگانه در مورد ماجرایی که بر سر حیوانات گروه آمده بود با خودش فکر می کرد و فکر کرد که چه سختیها و مشقتهایی این حیوانات برای باورهای انسانیشان کشیده اند و چون آنها از نژادها و دینهای مختلفی بودند پاکی نیت آنها قابل تردید نبود بنا براین مار زنگی در اینکه بخواهد آنها را

فریب دهد و با خود به ماریکا ببرد مردد شد زیرا میدانست چون آنها شیطان پرست نیستند مورد شکنجه قرار خواهند گرفت و پس از آن هم چون هیچ سودی برای سیاستمداران ماریکایی نخواهند داشت سر به نیست خواهند شد. اما گروه حیوانات در حال مشورت بودند. موش می گفت اگر ما را به اسارت بگیرند و بکشند چه کنیم؟ گرگ گفت اگر ماریکائیها چنین قصدی داشته باشند نیازی به فریب ما ندارند زیرا آنها این جاها را خوب میشناسند و دست بالا را دارند و ما راه فراری از دستشان نداریم. گربه گفت اگر چنین است پس دسته کم به امید اینکه قصد بدی نداشته باشند به ماریکا برویم شاید همچنان که مار زنگی می گوید دسته کم سگ را مداوا کنیم. سگ گفت: اگر واقعا چاره جز قبول پیشنهاد مار نداریم آنرا بپذیریم اما اگر چاره جز آن هست شما به خاطر من برنامه سفرمان را به خطر نیندازید. میمون گفت: گویا چاره ای هم نیست و بهتر است که پیشنهاد مار را بپذیریم. الاغ گفت: من هم همین فکر را می کنم. پس مار زنگی را صدا زدند و به او گفتند: تصمیم ما این است که با تو به ماریکا بیائیم. مار زنگی گفت خیلی خوب اما بگذارید من هم مث شما واقعیت را صادقانه به شما بگویم و لباس ماریکایی خود را در آورد و حیوانات با تعجب دیدند که او خیلی با حیوانات دهکده فرق دارد و بیشتر شبیه آن چیزهایی بود که در مورد شیطان و شیطان پرستان شنیده بودند. حیوانات با تعجب و ترس به او نگاه می کردند و مار زنگی آنها را از اینکه چون شیطان پرست نیستند چه سرنوشتی در ماریکا درانتظارشان هست آگاه کرد و به آنها گفت

اکنون من میخواهم به شما کمک کنم و نمیخواهم شما را با خود به ماریکا ببرم ولی از سویی هم نمیتوانم بدون شما به ماریکا بر گردم. موش که بسیار ترسیده بود گفت تو چرا چنین اطلاعات مهمی را برای ما افشا کردی؟ و چرا میخواهی به ما کمک کنی؟ و از همه مهمتر تو چه جانوری هستی؟ مار زنگی گفت داستان درازی دارد و حتما آنرا بعدا به شما خواهم گفت ولی نخست بگذارید تا چاره ای برای اکنون بکنیم تا هم شما بتوانید به سفرتان ادامه دهید و هم من بتوانم به وادی مارها بر گردم. الاغ گفت خب تو هم با ما بیا و اصلا به وادی مارها بر نگرد. مار زنگی گفت راستش خیلی هم دلم میخواهد با شما بیایم ولی اگر با شما بیایم مارها گروهی را برای پیدا کردن من و شما مامور میکنند و مطمئنا خیلی زود همگی دستگیر خواهیم شد و مجازات من از شما هم سخت تر خواهد بود. گربه گفت: خب با این حساب چگونه میتوانیم از چنگ مارها فرار کنیم. گرگ گفت فقط اگر یک مار به ما کمک بکند ممکن است که بتوانیم از شر مارها در امان بمانیم. میمون گفت خب مار زنگی اینجا هست و به ما کمک می کند اما چه کار بکنیم. مار زنگی گفت اگر من به وادی مارها برگردم و به آنها در مورد محل شما یک آدرس اشتباهی بدهم آنها به این زودی ها نمیتوانند شما را پیدا کنند اما باز هم آنها شما را زود پیدا خواهند کرد چون از ظاهر شما مشخص است که هر کدامتان چه حیوانی هستید پس هر کسی شما را ببیند میفهمد که همان گروه فراری از دهکده هستید. الاغ گفت: کاش ما هم هر کدام یک لباس ماریکایی داشتیم تا میتوانستیم مانند تو ناشناس باشیم

و بتوانیم پنهانی هر جایی که دلمان خواست برویم. مار زنگی گفت اگر من میتوانستم به وادی مارها برگردم میتوانستم با خود سوزن و موی شیطان بیاورم و برای هر کدامتان یک دست لباس ماریکایی بدوزم. اما چگونه باید بروم و برگردم بدون اینکه آنها متوجه شوند؟ پس همه گروه و مار زنگی سخت مشغول اندیشیدن شدند و به این نتیجه رسیدند که باید مار زنگی را زخمی کنند و به وادی مارها بفرستند و مار زنگی به مارها بگوید که گروه فراری حاضر به آمدن با او به وادی مارها نشده اند و اینکه او را نیز زخمی نموده اند و فرار کرده اند و یک آدرس اشتباهی هم به مارها بدهد تا فرصتی پیدا کند که از وادی مارها سوزن و موی شیطان و زهر مارهای شفا دهنده را بردارد و پیش گروه برگردد. پس موش گفت بگذار تا من یک زخم دقیق بر پایت بیندازم و پای مار زنگی را گاز گرفت تا او را زخمی کند تا نقشه واقعی به نظر برسد و چون مار زخمی شده بود و رفتن و بازگشتن برایش سخت شد. گرگ گفت بگذار تو را تا نزدیکی وادی مارها بر گردن خود سوار کنم و آنجا منتظرت میمانم تا برگردی. پس چنین کردند و مار طبق نقشه با پای زخم خورده بر گردن گرگ روانه وادی مارها شد. مار زنگی پس از وارد شدن به وادی مارها وارد خانه سیاه شد و خانه سیاه خانه رئیس جمهور مارها بود که جلسات مرموز مارها در آنجا برگزار میشد. مار زنگی به اعضای جلسه گفت که گروه فراری شیطان پرست نیستند بلکه آنها گروهی شرورند و او را نیز زخمی کرده اند و یک آدرس اشتباهی نیز به آنها داد و خودش هم مرخصی استعلاجی گرفت تا بهبودی یابد و

به طور پنهانی رفت و مقداری از زهرهای شفا دهنده به همراه سوزن و موی شیطان تهیه کرد و به جایی که گرگ منتظرش بود برگشت و از آنجا با گرگ با شتاب به سوی باقی گروه بازگشتند. سپس گروه با زهرهای شفا دهنده مار و سگ را مداوا نمودند همگی بی وقفه تا نیمه های شب فرار کردند تا به جایی رسیدند که مار گفت دیگر آنها ما را نمیتوانند پیدا کنند و بگذارید تا امشب را اینجا بمانیم و من برای هر کدامتان یک دست لباس ماریکایی بدوزم تا دیگر از شر همه حیوانات دهکده در امان باشیم. و همان طور که مار زنگی گفت شب را آنجا ماندند و مار زنگی مشغول دوختن لباس ماریکایی برای باقی گروه شد و همان طور که مار داشت برای گروه لباس میدوخت از آنها پرسید آیا میدانید راهی که برای یافتن انسان و انسانیت در پیش داریم چقدر طولانی است و به کجا ختم خواهد شد و آیا نقشه راه یا راهنمایی دارید؟ گروه کمی سکوت کردند و کمی اندیشیدند زیرا هیچکدامشان از سفری که در پیش داشتند چیزی نمیدانست و نقشه راه یا راهنمایی نیز به جز اراجیف مقدسشان با خود همراه نداشتند پس گفتند که ما چیزی از راهی که در پیش داریم نمیدانیم و جز اراجیف مقدسمان نیز چیزی به همراه نداریم و میمون اضافه کرد و گفت گویا تنها امید همه ما به همین اراجیف مقدسمان است. سگ از مار پرسید آیا خودت چیزی از راهی که در پیش داریم میدانی و چه چیزی به همراه داری؟ مار پاسخ داد من هم چیز زیادی نمیدانم فقط میدانم راهی که در پیش داریم تا انسان را پیدا کنیم از میان این کوه ها میگذرد که راه باریکی است و پس از آن

به دشت وسیعی خواهیم رسید که وادی کرکس هاست و آنها همگی بی دین هستند و از آن پس را نمیدانم چیست و اما چیزی که به همراه دارم همین سوزن و موی شیطان و این زهر مارهاست. مار پرسید می شود بگویید اراجیف مقدستان چه می باشند؟ دوباره سکوت در میان گروه حاکم شد زیرا هیچکدام نمی دانستند که اراجیف مقدسشان چه هستند. مار گفت چیست؟ نکند نمی دانید اراجیف مقدستان چه می باشند؟ هر کدام از حیوانات چیزی گفتند. موش گفت واقعا هیچکدام از ما نمیدانیم که اراجیف مقدسمان چه می باشند. گربه گفت زیرا از بس آنها مقدسند ما نتوانستیم به خود اجازه بدهیم که به آنها دست بزنیم. سگ گفت نه آن طور هم نیست زیرا در مزرعه ما همیشه مسابقه اراجیف خوانی برگزار میشد ولی خب راستش آنها فقط مسابقه بودند و چیزی از اراجیف مقدسمان در آن مسابقات بیان نمیشد. گرگ گفت واقعا من چیزی برای گفتن ندارم زیرا همیشه از اراجیف مقدسمان دور افتاده بوده ام. میمون گفت اصلا میدانید برای چه همه ما از اراجیف مقدسمان چیزی نمیدانیم؟! الاغ گفت خب معلوم است زیرا آنها را نخوانده ایم. میمون گفت من هم منظورم همین است که چرا آنها را نخوانده ایم؟! و همه گروه در اندیشه فرو رفتن و به این پاسخ رسیدند که اراجیف مقدسشان از نخست پیدایش شان در مصادره روحانیون مذهبی بوده اند و برای همین هم آنها هرگز به آنها دسترسی نداشته اند تا بدانند که آنها چیستند ولی همه گروه درباره اراجیف مقدسشان باور

داشتند که آنها کتاب انسان هستند و فقط با ادبیاتی حیوانی نوشته شده اند.

همچنانکه حیوانات گروه حرفهایشان را میزدند لباسهای ماریکائیشان نیز آماده شد ولی دیگر دیر وقت بود و همه آنها خسته بودند پس خوابیدند.

خروج

گروه همگی از خواب برخواستند و با ذوق و شوق لباسهای ماریکائیشان را پوشیدند و همه یکدست شدند و آماده مهاجرت به سوی انسان که ناگهان الاغ گفت: دوستان چیزی گوشه ذهن مرا بدجوری مشغول کرده است و راستش خیلی دلم میخواهد که آنرا با شما درمیان بگذاریم. باقی گروه گفتند هرچیزی که هست بهتر است بگویی شاید چیز مهمی باشد و بهتر باشد ما هم بدانیم. الاغ گفت حالا که ما همه یکدست شدیم و همه لباس ماریکایی داریم و کسی در دهکده نمیتواند ما را شناسایی کند آیا بهتر نیست که قبل از مهاجرتمان به سوی انسان، وارد دهکده بشویم و همه جای دهکده را خوب به دنبال انسان و انسانیت بگردیم؟! شاید اصلا انسان در دهکده در جایی خوابیده و یا پنهان شده باشد و ما بیهوده اینهمه سفر طولانی را نرویم.؟؟!! مار گفت: من یقین دارم که در دهکده هیچ انسانی زندگی نمی کند اما با نظر الاغ موافقم. سگ گفت: من هم با نظر الاغ موافقم اما فکر کنم بهتر است که به جز مزرعه سگهای مسلمان هر جای دیگر دهکده را بگردیم زیرا با آن رفتاری که با ما کردند معلوم بود که در آن جا اثری از انسان یا انسانیت نیست. گربه

گفت منم موافقم راستش ته دلم می گوید که انسان باید جایی در مزرعه گربه ها باشد. گرگ گفت آری منم موافقم ولی فکر می کنم انسان باید در کوه سنجار یا هر جایی که گرگها هستند باشد. میمون گفت منم موافقم ولی راستش فک می کنم انسان باید جایی در مزرعه میمون ها باشد. و موش نیز موافقت خود را اعلام کرد و گفت ولی تا آنجا که من میدانم انسان باید در مزرعه موشها باشد. مار رو به سگ گفت ما همه لباسهای ماریکایی داریم و هیچ کس ما را نخواهد شناخت پس بگذارید بی طرفانه تمام دهکده را بدون استثنا بگردیم و یک چیز دیگر اینکه هویت شما در لباسهای ماریکایی تازمانی پنهان میماند که شما سخنی نگوئید و چیزی نخورید چون در غیر این صورت لباسها اثرات شیطانی خود را از دست خواهند داد و حیوانات دهکده ما را خواهند شناخت و داستانمان تمام خواهد شد. الاغ گفت اگر قرار باشد ما چیزی نگوئیم و نپرسیم چگونه میتوانیم تمام دهکده را بگردیم؟؟ مار گفت هر جا نیازی به پرسش باشد من به جای همه شما خواهم پرسید. موش گفت مگر هویت تو لو نخواهد رفت اگر حرفی بزنی؟ چه فرقی بین لباس تو با ما هست؟ مار گفت لباسهایمان فرقی ندارد فقط چون شما تازه این لباسها را پوشیده اید امکان دارد با حرف زدنتان و اینکه چیزی بخورید هویتتان را لو بدهید ولی کم کم این مشکل هم حل خواهد شد. گرگ گفت: اگر ما خواستیم چیزی بپرسیم چه کار کنیم یا اگر کسی از ما چیزی پرسید؟ مار گفت قبل از وارد شدن به هر مزرعه ای شما تمام پرسشهایتان را به من بگویید تا دیگر در مزرعه ها نیازی به پرسیدن

نداشته باشید و نیز اینکه در داخل مزرعه ها اگر کوچه یا جایی را توانستیم پیدا کنیم که کسی ما را نبیند شما باز هم میتوانید با من حرف بزنید و همچنین در مزرعه یا محله هر کدامتان که باشیم همان حیوان نیز میتواند حرف بزند چون اگر هویتش هم فاش بشود بازم مثل خود آنهاست. الاغ گفت این یعنی چه؟ موش گفت منظور مار اینست که مثلا اگر به مزرعه الاغهای یهودی رفتیم فقط مار زنگی و تو میتوانید حرف بزنند و همینطور برای بقیه. مار زنگی گفت اما اگر از شما چیزی بپرسند چه کنیم؟ میمون گفت به این ترتیب بهتر است که تو از جانب ما بگویی که ما روزه سکوت کرده ایم یا چیزی مث این ؛ میمون کم اندیشید و ادامه داد اما اگر ما در مزرعه ها برای جستجوی انسان و انسانیت از اهالی مزرعه ها بپرسیم آنها چه پاسخ خواهند داد؟ هنگامیکه اهالی دهکده دروغهای رهبران مذهبی و سیاستمدارانشان را خواسته یا ناخواسته پذیرفته اند و درواقع همانها را بازگو خواهند کرد پس شاید تا آخر عمرمان همچنان حقیقت را در باره انسان و انسانیت نفهمیم. موش گفت آری و تازه اینکه دهکده خیلی بزرگ است و اگر بخواهیم همه جای آنرا برای یافتن انسان و انسانیت بگردیم زمان کافی نداریم. گربه گفت بهتر است فقط همانجاهایی را به دنبال انسان و انسانیت بگردیم که گمان می کنیم انسان و انسانیت باید در آنجا باشد یا دسته کم اثری یا آدرسی از آن. گرگ گفت این یعنی فقط باید درون دلها و اندیشه های حیوانات دهکده را بگردیم. سگ گفت و این از همه سخت تر است که درون دلها و اندیشه های حیوانات مزرعه را جستجو کنیم زیرا همچنان

۵۱ که میدانید روحانیون مذهبی و سیاستمدارانمان دلها و اندیشه های تمام اهالی دهکده را آلوده و منحرف کرده اند. الاغ گفت و از همه بدتر اینکه بیشتر گمان میرود که آدرس انسان و انسانیت جایی در دلها و اندیشه های روحانیون مذهبی و سیاستمداران دهکده باشد حال آنکه همه میدانیم آنها انسان و انسانیت را در دهکده به گروگان گرفته اند. سگ گفت آری آنها انسانیت را به بازی گرفته اند ولی گویا چاره ای نداریم جز اینکه برای یافتن انسان و انسانیت دل و اندیشه آنها را جستجو کنیم. گربه گفت یعنی باید از دروغگو ترین و فریبکارترین حیوانات در دهکده درباره انسان و انسانیت پرسوجو کنیم؟ و چگونه ممکن است که آنها راستش را به ما بگویند؟ مار گفت در میان زهرهایی که از وادی مارها در اختیار ماست زهری وجود دارد که زهر راستگویی نام دارد و خاصیتش این است که هر کسی آنرا بخورد یا بو کند دچار حالتی خواهد شد که اگر در آن حالت هر چیزی از او پرسیده شود او خواسته یا ناخواسته راستش را خواهد گفت. سگ گفت و چه خوب میشود که زهر راستگویی را به خورد روحانیون مذهبی و سیاستمدارانمان بدهیم و از آنها درباره باورهایشان بپرسیم. الاغ گفت این خیلی خیلی خوبست ولی چطور این زهر را به خورد آنها بدهیم و به چه بهانه ای با آنها ملاقات کنیم؟ میمون گفت بهانه اش که آسان جور میشود میتوانیم بگوییم که ما مهاجرانی هستیم که داریم به دنبال انسان و انسانیت می گردیم ولی چطور زهر راستگویی را به خوردشان بدهیم. مار گفت یک راه دیگر هم هست و آن اینکه ما خود این زهر را بخوریم و آنوقت از

آنها بپرسیم. موش گفت ما میخواهیم آنها به سوالات ما با راستی و درستی پاسخ بدهند اگر ما خودمان زهر راستگویی را بخوریم چه تاثیری در دروغ گفتن آنها خواهد داشت؟ مار گفت در دروغگویی آنها تاثیری ندارد و آنها باز هم میتوانند به گفتن دروغها و فریب هایشان ادامه دهند ولی تاثیری که بر روی ما خواهد داشت این است که آنها هر دروغی بگویند یا فریبی بدهند ما راستش را می شنویم و گول آنها را نخواهیم خورد ولی باید هواسمان باشد که آنها چیزی از ما نپرسند زیرا هر چه بپرسند ما راستش را خواهیم گفت و ممکن است ما را دستگیر کنند. موش گفت آنها از بدو غیبت انسان در دهکده دارند مدام اندیشه ها و درون دلهای اهالی دهکده را تفتیش می کنند پس بهتر است دسته کم چند روزی نگذاریم اندیشه ها و باورهایمان را تفتیش بکنند تا بتوانیم اگر اثر و نشانی از انسان و انسانیت در میان دلها و اندیشه های فاسد آنها باشد آنرا بیرون بکشیم. سگ گفت آری بهتر است چند روزی بجای پرسیده شدن توسط روحانیون خبیثمان که همیشه عقایدمان را تفتیش می کنند از آنها درباره عقایدشان بپرسیم و نه مث آنها برای به بازی گرفتن انسان و انسانیت بلکه برای یافتن و احیا کردن انسان و انسانیت. گربه گفت بسیار خوب اما جستجو را از کجا در دهکده شروع کنیم؟ گرگ گفت چطور است چون ماجرا از موش و گربه آغاز شد به همان ترتیب به مزرعه ها سر بزنیم و دنبال انسان و انسانیت بگردیم؟ باقی گروه همه موافق بودند پس قرار شد که روز اول به مزرعه موشها بروند. قبل از رفتن، موش گفت اگر همه این چیزهایی که با خود داریم را با

خود همراه ببریم برایمان سخت میشود. سگ گفت آری موش راست می گوید و از آن بدتر اینکه در مزرعه سگها خواندن و داشتن دیگر اراجیف مقدس ممنوع است، دست کم بهتر است اراجیف مقدسمان را باخود به همراه نبریم. گرگ گفت سگ خوب می گوید دسته کم اراجیف مقدسمان را با خود نبریم ولی با آنها چه کنیم؟ نمیشود که آنها را رها کنیم! الاغ گفت من پیشنهادی دارم؛ چطور است تمام اراجیف مقدسمان را درون همین تابوت که سگهای مسلمان برای گربه بودایی ساختند بگذاریم و تابوت را درجایی امن پنهان کنیم؟! میمون گفت الاغ خوب می گوید با این کار هم اراجیف مقدسمان را در جایی امن گذاشته ایم و هم اینکه در این سفر سبک خواهیم بود. گربه گفت راهکار الاغ بسیار هوشمندانه است پس بهتر است جایی تابوت را پنهان کنیم که هیچ حیوانی نتواند آنرا پیدا کند زیرا گاه گاهی برخی از اهالی دهکده به این جا ها سر میزنند. مار گفت پس باید تابوت را در جایی پنهان کنیم که هیچ حیوانی گمانش را هم نکند یعنی در همان قبر خالی انسان. موش گفت خوبست و اگر ما در هر جای دهکده انسان را یافتیم میتوانیم به قبر خالی انسان برگردیم و اراجیف مقدسمان را برداریم و برای فهمیدنشان آنها را به نزد انسان ببریم. گربه گفت آری و اگر هم انسان را در دهکده پیدا نکردیم به هر حال تابوت در مسیر سفرمان برای یافتن انسان است یعنی میتوانیم به قبر خالی انسان برگردیم و تابوت را با خود برداریم و ببریم.

پس گروه خودشان را مهاجران به سوی انسان نام نهادند و تمام اراجیف مقدسشان را درون تابوت گذاشتند و آنرا بردند و در قبر خالی انسان پنهان کردند و جستجویشان را آغاز کردند.

روز اول مزرعه موشهای مسلمان شیعه مذهب

مهاجران پس از پوشیدن لباسهای ماریکائیشان و خوردن زهر راستگویی وارد مزرعه موشها شدند. آنها به محض ورود به مزرعه موشها دو تا موش که در حال انجام یک معامله بودند را دیدند که نظرشان به آنها جلب شد زیرا آن دو موش برای انجام داد و ستدشان به شدت دروغ می گفتند و بسیار راحت به مقدساتشان قسم دروغ می خوردند. و همین وضع یعنی دروغ و فساد و فحشا به نام مقدساتشان در همه ارکان زندگی موشها مثل قانون جاری و طبیعی بود. کمی آن طرف تر گروه یک موش گدا را دیدند که او هم به نام مقدسات موشها مشغول گدایی بود و می گفت "به من بیچاره بدبخت کمک کنید تا علی عوضتان بدهد و نیز می گفت به من کمک کنید تا امام رضا بیمارانتان را شفا دهد و مشکلات مالیتان را حل کند" که موش متوجه تعجب همراهانش شد، پس به آن موش گدا گفت آخر چرا از رضا و علی نمیخواهی که مشکلات مالی و روحی خودت را شفا بدهند. آیا بین تو و آنها خصومتی وجود دارد که برای تو کاری نمی کنند. موش گدا که مهاجران را مث خودش میدید گفت چرا به من بدبخت گیر میدهید من هم دارم دقیقا کار آلت الله ها را انجام میدهم؛ فقط منبر و امامه ندارم و

چرا شما انقدر به من سخت می گیرید درحالیکه من فقط کمی از پول شما را می خواهم در حالیکه شما بی هیچ پرسشی تمام جان و مال و ناموستان را در اختیار آلت الله هایتان گذاشته اید. موش گفت می شود آدرس یکی از آلت الله ها را به ما بدهی تا از او نیز بپرسیم؟ موش گدا گفت آری بر سر هر قبر مقدسی که بروید آلت اللهی را خواهید یافت. مار با شگفتی پرسید قبر مقدس؟! چرا باید یک قبر مقدس باشد؟! موش گدا گفت اگر ثروت و قدرتی که آلت الله ها از طریق این قبرها بدست آورده اند را به شِمر و یزید هم میدادند آنها هم میگفتند که این قبرها مقدسند؛ آری این قبر ها برای آلت الله ها مقدسند همانطور که مهبل فاحشه ها برای فاحشه ها مقدس است. و او آدرس یکی از موشهای آلت الله را به آنها داد. پس مهاجران رفتند سراغ یک موش آلت الله که خادم یکی از قبرهای مقدس موشها بود.

موشها برای همه امامان شان که در گذشته های دور مرده بودند قبرهای گران قیمتی ساخته بودند و قبرهای آنها را میپرستیدند و فقط آخرین امام موشها که امام دوازدهم موشها بود قبر نداشت به هر حال مهاجران به حضور موش آلت اللهی که خادم یکی از قبرهای مقدس موش ها بود رسیدند. مار نخست از موش آلت الله که امامه سیاه بزرگی بر سر داشت درباره انسان و انسانیت پرسید و گفت ای موش آلت الله میشود بگویید انسان کیست و انسانیت چیست. موش آلت الله چیزهایی میگفت ولی خب آنچه مهاجران بر اثر خوردن زهر راستگویی شنیدند این بود: نخست اینکه اصلا انسان وجود خارجی ندارد و انسان یک افسانه است

یا دست کم ما آنرا تبدیل به افسانه کرده ایم ولی خب بجایش شبه انسان وجود دارد که ما آلت الله های شیعه مذهب همگی شبه انسان می باشیم و کسی به جز ما شبه انسان نمیباشد می دانید چرا؟ مهاجران سرشان را به علامت نه تکان دادند و موش آلت الله ادامه داد و گفت دلیلش را به شما می گویم زیرا تنها ما هستیم که راه و روش انسانی زیستن یا همان انسانیت را می دانیم و آنرا نیز به پیروان مذهب شیعه یاد می دهیم، از اینرو این تنها ما هستیم که شبه انسان می باشیم. مار پرسید و انسانیت یا راه و روشی انسانی که شما به پیروان مذهب شیعه می آموزید چه می باشد؟ موش آلت الله پاسخ داد ما به پیروان مذهب شیعه می آموزیم که آنها حیواناتی حقییر و فرو مایه ای بیش نیستند و زندگی و مرگ آنها ارزشی ندارد مگر اینکه به وسیله ما به امامان شیعه که همانا افسانه ای بیش نمیباشند نزدیکی بجویند و آنها را بشناسند یعنی چشم آنها را به حقایق زندگی باز می نماییم. مار گفت می شود بگویید که شما چطور پیروان مذهب شیعه را به امامان افسانه ای اشان نزدیک می کنید؟ موش آلت الله گفت نخست ما به پیروان مذهب شیعه می آموزیم که باید بخشی از اموالشان را که همانا خمس و زکات مالشان است و بسیار حرام و نجس است به ما آلت الله های شیعه که وارثان تاج و تخت بر باد رفته امامان شیعه هستیم بدهند تا به این وسیله اموالشان پاک گردد و به این ترتیب زندگی پاکی داشته باشند تا موجبات یک زندگی انسانی برایشان فراهم گردد و دوم اینکه وقتی ما آنها را تحقیر می کنیم و به آنها القا می کنیم که زندگی آنها هیچ ارزشی ندارد و آنها حیوانات فرو مایه ای

بیش نیستند آنگاه آنها در خود به طور یواشکی احساس آزادی می کنند. زیرا با خود فکر می کنند که وقتی زندگی آنها هیچ ارزشی ندارد و آنها حیواناتی بیش نیستند پس گناه های آنها نیز کوچک شمرده خواهد شد و به این صورت آنها آزادانه و بدون هیچ نگرانی ای هر گناهی را می کنند که حتی شیطان نیز از انجام آن گناهان واهمه دارد.
مار گفت می شود بگویید این ورژن شبه انسان که شما آلت الله های شیعه معرفی می کنید را چه کسی ساخته و پرداخته است؟ و پرستیدن قبرهای خالی برای پیروان مذهب شیعه چه نفعی دارد؟ موش آلت الله گفت همانا ورژن شبه انسانی را ما خودمان آلت الله های شیعه ساخته ایم و آن دست آورد قرنها مجاهده ما می باشد و اما در خصوص پرستیدن قبرها باید بگویم که گذشته از نفع بزرگی که برای ما آلت الله های شیعه دارد برای شیعیان نیز نفع فراوانی دارد زیرا با این کار آنها دیگر به چیزی فراتر از این قبر ها نخواهند اندیشید و وقتشان تلف نخواهد شد و زود خواهند فهمید که آرمانها و آرزوهای انسانیشان قرنها پیش به درون این قبرها رفته است و تنها راه احیاء آرمانهای انسانی خود را در پیروی از ما که نگهبانان این قبرها می باشیم خواهند یافت که این هم منفعتی مضاعف برایشان دارد زیرا آنها خود را مانند بندگان بی خدا احساس خواهند کرد که این نهایت آزادی را در یک شیعه واقعی القا می کند.
مار پرسید مگر این قبرها را خودشان با دست خودشان نساخته اند؟
موش آلت الله گفت آری خودشان ساخته اند و این یک انتخاب آزادانه است که هر کسی میتواند آرمانهایش را به گور بسپارد و برای

آرمانهایش گور بسازد و بر سر گور بنشیند و بگرید و بر سر خود بکوبد و ناله کند یا آنکه برای رسیدن به آرمانهایش تلاش کند و آنها را زنده کند و با آنها زندگی کند؛ لیک شیعیان راه آسان را برگزیده اند که نه تلاش میخواهد و نه اندیشه، فقط باید چشمهایشان را ببندند و باور کنند. و ببینید که با چشمان بسته چه قبرهای بزرگی برای آرمانهایشان ساخته اند و تازه پرستیدن قبرها برای شیعیان بسیار خوب می باشد زیرا آنها با پرستیدن قبرها کم کم مانند قبرها توخالی میشوند، بی روح و خالی از وجود ولی سرشار از تظاهر و دروغ و زرق و برق دقیقا مانند قبرهایی که می سازند و میپرستند. موش آلت الله ادامه داد و گفت البته همه امامان ما مرده نمیباشند ولی خب ای کاش امام زمانمان نیز مرده بود تا یک قبر دیگر به قبرهای ما اضافه می شد. مار گفت: ای موش آلت الله درباره امام دوازدهم که می گویید زنده است یعنی مهدی چه میدانید او کیست و کجاست؟ موش آلت الله با شنیدن این سوال اول خودش را به موش مردگی زد ولی خب پس از مدتی بلند شد تا جواب مهاجران را بدهد. اما موش قرمز که تعجب همراهانش را از موش مردگی موش آلت الله متوجه شده بود و میدانست که آنها دلشان میخواهد بدانند چه اتفاقی برای موش آلت الله افتاده، پرسید میشود بگویید ناگهان شما را چه شد؟ آیا بیماری ای چیزی دارید؟ موش آلت الله گفت نه مرا چیزی نشده فقط راستش اول که از امام زمانمان موش دوازدهم پرسیدید فکر کردم بهتر است تقیه کنم و آنهنگام من در حالت تقیه بودم. موش قرمز پرسید و تقیه چه میباشد؟ موش آلت الله پاسخ داد: ما موشها در مذهب خودمان

۵۹ یک اصل مهم داریم و آن راز بقای ما موشهاست و آن این است که وقتی چیزی از اعمال یا گفتار مذهبیمان را زورمان نرسد که آنرا ابراز کنیم یا به دیگران تحمیل بکنیم و یا حتی خودمان موقعیت انجامش را نداشته باشیم آنرا نادیده میگیریم حتی نماز یا هر چیز مهم دیگر از مذهبمان را و نام این اصل گریز ناپذیر از مذهب ما موشها که مسلمانان شیعه مذهب هستیم تقیه است یا همان موش مردگی مذهبی. و اما پاسخ شما درباره امام دوازهم ما، باید به شما بگویم که او یک وجود معلق است ولی کلا غایب تشریف دارند یعنی اینکه از نظرها غایب میباشند ولی خب ما روایتی نیز داریم که او در سوراخ یک چاه خوابیده است و بر هیمن اساس بر سر آن چاه عده ای از ما موشهای آلت الله نوبتی کشیک میدهند تا ایشان از خواب مبارکشان بر نخیزند، آخر خواب امام موشها از زندگی همه ی موشها با ارزش تر است. مار پرسید آیا واقعا شما مواظب هستید که او از خواب بر نخیزد؟ موش آلت الله در حالت نیمه موش مردگی پاسخ داد راستش ما موشهای آلت الله همیشه نگرانیم که شاید امام زمان ما به غیبت غیر موجه خود پایان دهد و در دهکده حاضر بشوند و حرف یا کاری خلاف فتاوای ما موشهای آلت الله بزنند یا بکنند لذا برای همین موشهای آلت اللهی که بر سر چاه کشیک می دهند این وظیفه را بر عهده دارند که پس از ظهور امام غایب اگر او آنطور که ما منتظرش هستیم نبود او را همانجا در همان چاه زنده به گور بکنند. مار سوال دیگری پرسید: می شود بگویید چه چیزی باعث اختلاف بین شما و سگهای مسلمان که اهل تسنن می باشند شده است؟

موش آلت الله گفت ما موشها بر این باوریم که انسانیت ارثی میباشد و انسانیتی که محمد از الله فیض برد به فرزندانش که همان امامان ما موشهای شیعه هستند به ارث رسید ولی اهل تسنن میگویند انسانیت ارثی نیست و بر همین اساس آنها آن سه سگ بزرگشان را که خلفای راشدین مینامند یکی پس از دیگری جانشینان محمد میدانند. حال آن که انسانیت اگر ارثی نباشد انتصابی هم نمیتواند باشد و نه نیابتی و نه خلافتی؛ البته ما در این دوران دیگر اختلافی با آنها نداریم. موش قرمز پرسید چرا ندارید آیا اختلافاتتان را کنار گذاشتید؟ موش آلت الله گفت نه، راستش ما هم به آنها پیوستیم زیرا اکنون ما هم یک موش را به جای امام زمانمام که حتی ادعا می کنیم نمرده است و زنده است نائب و خلیفه گردانیدیم و او اکنون ولی فقیه ما موشهاست یعنی دقیقا همان کاری را که از سگها خرده میگرفتیم خودمان کردیم و صد البته بدتر از آنرا زیرا آنها برای محمد که سقط شده بود جانشین قرار دادند و ما برای امامی که زنده است. مار زنگی گفت آیا ولی فقیه همان سگی است که امامه سیاه بزرگی دارد؟ موش آلت الله گفت آری. مار زنگی گفت او که یک سگ است. موش آلت الله گفت از زمانی که مانند خلفای سگها خود را جانشین امام زمان کرده است جهش ژنتیکی پیدا کرده و DNA اش به DNA سگ جهش پیدا کرده است. مار گفت راستی میشود بگویید آلت الله یعنی چه؟ موش آلت الله گفت: آلت الله یعنی وسیله نزدیکی به الله زیرا ما آلت نزدیکی الله به مومنانش هستیم و شما نمیدانید که یک آلت الله چقدر از نزیکی الله به مومنانش لذت می برد

۶۱ زیرا اگر ما آلت الله ها نباشیم نه الله میتواند به شیعیان نزدیکی کند و نه شیعیان میتوانند به الله نزدیکی کنند.

سوالات مهاجران تمام شد و از موش آلت الله خداحافظی کردند و از حضورش خارج شدند. در یکی از پس کوچه ها که کسی آنجا نبود کمی ایستادند زیرا موش خیلی دلشکسته شده بود چون مطمئن شده بود که انسان در مزرعه موشها نیست و بوی گند دروغ و جهل تمام سوراخ موشها را پر کرده بود. در اینهنگام همراهانش موش را دلداری دادند.

روز دوم مزرعه سگهای مسلمان سنی مذهب :

مهاجران شب هنگام به کنار قبر خالی انسان برگشتند تا به استراحت بپردازند و تصمیم گرفتند که فردا به مزرعه سگهای مسلمان که نزدیک مزرعه موشها بود بروند. آنها صبح هنگام پس از خوردن زهر راستگویی وارد مزرعه سگهای مسلمان سنی مذهب شدند .

مار از سگهای مسلمان از انسان و انسانیت پرسید و آنها چیزهایی در پاسخ می گفتند ولی آنچه که مهاجران میشنیدند این بود: باور ما این است که نخست روح انسان در محمد که یک سگ بوده حلول کرده است و DNA محمد را به DNA انسان به خواست الله تغییر داده است؛ هر چند محمد هم صد در صد به انسان تبدیل نشد ولی ما او را به عنوان کامل ترین نمونه انسانی سگها میشناسیم. مار پرسید پس از محمد چه؟ اکنون انسان کیست و انسانیت چه می باشد؟ سگهای مسلمان پاسخ

دادند آری ما سگهای مسلمان که سنی مذهب هستیم همه انسانیم و غیر از ما در دهکده انسانی وجود ندارد. مار پرسید آیا مانند محمد روح انسان نیز در شما حلول کرده است که انسان شده اید؟ و پاسخ سگهای مسلمان این بود که نه خیر بلکه محمد برای ما اراجیف مقدس قرآن را به جای گذاشته است و ما با خواندن آن و پیروی از سنت محمد میتوانیم جهش ژنتیکی پیدا کنیم. مار زنگی گفت پس شما خواندن اراجیف مقدستان قرآن و پیروی از سنت محمد را راه انسان و انسان شدن میدانید. سگهای مسلمان پاسخ دادند بلی درست است. مار گفت مگر در قرآن چه نوشته شده است؟! سگهای سنی مذهب گفتند همانا قرآن حاوی فرمولهایی می باشد که به طور اتو ماتیک و خودکار وارد اندیشه خواننده می گردند و کم کم خواننده اراجیف مقدس را دچار تغییر ژنتیکی می کنند به طوریکه نهایتا DNA آنها به DNA انسان تغییر خواهد کرد. مار پرسید برای یادگیری اراجیف مقدس قرآن باید چه کار کرد و چگونه میتوان از سنت محمد به درستی پیروی کرد؟ سگها گفتند بهتر است بروید پیش مفتی اعظم زیرا او است که خواندن اراجیف مقدس را خوب می داند و نیز فرمولهای زیادی درباره سنت محمد و قرآن از بر کرده است و آدرس مفتی اعظم را دادند. مهاجران همگی رفتند به نزد مفتی اعظم که بر منبر محمد نشسته بود و او یک سگ بزرگ بود و پوشاک مفتی های سنی مذهب را نیز بر تنش داشت که او را متمایزتر کرده بود مانند همان سگی که قاضی اعظم بود.

۶۳ مهاجران برای کشف فرمولهای اراجیف مقدس سگهای مسلمان و سنت پیامبر آنها که مسلمانان سنی مذهب معتقد بودند با یادگیری آنها DNA ها جهش پیدا می کند، پرسشهایی را از مفتی اعظم پرسیدند. مفتی اعظم گفت همانا ما مفتی های مسلمان سنی مذهب پس از سقط شدن پیامبرمان توانسته ایم که تمام فرمولهای اراجیف مقدسمان قرآن و سنت پیامبر مان را کشف نمائیم و پس از کشف دست به ساده سازی آن زده ایم به طوری که تمام فرمولهای اراجیف قرآن و سنت پیامبر به تلاش ما مفتی ها به سه کلمه خلاصه شده است و آن سه کلمه جهاد است و جهاد است و جهاد. سگ زرد گفت میشود بگویی این جهاد یعنی چه؟ مفتی اعظم گفت جهاد همان چیزی است که موجب جهش ژنتیکی میشود و DNA ها را تغییر می دهد. مار گفت می شود کمی بیشتر توضیح دهید؟ مفتی اعظم گفت جهاد یعنی تلاش و کوشش در راه الله و بالاترین درجه جهاد کشتن و کشته شدن در راه الله است که صد در صد DNA را به انسان تغییر میدهد. سگ زرد که فهمید همراهانش میخواهند الله مسلمانان را بشناسند از مفتی اعظم پرسید: می شود بگویید که الله چه می باشد؟ مفتی اعظم چیزهایی می گفت ولی آنچه که مهاجران فهمیدند این بود که الله هم یک سگ دیگر است، سگی ستمگر و هوس باز و مهربان برای مسلمانان و تشنه به خون غیر مسلمانان. و در ادامه مار پرسید میشود بگویید چگونه کشتن و کشته شدن در راه الله با عث تغییر DNA می شود؟ مفتی اعظم پاسخ داد: الله در اراجیف مقدس قرآن می گوید که به سرزمین های خوش آب و علف حمله

کنید و حیوانات آنجا را بکشید و ماده ها و مالهای آنها را به غارت ببرید و جواب ساده است وقتی ما به سرزمینهای ثروتمند حمله کنیم پس از بدست آوردن ثروت آنها میتوانیم مانند انسان زیست کنیم و زیستن مانند انسان ژنتیک ما را به انسان تغییر میدهد ولی اگر در هنگام حمله به سرزمینهای ثروتمند کشته شویم هم که معلوم است ما به بهشت میرویم و در آنجا نیز پس از زندیگی کردن مانند انسان ژنتیکمان به انسان تغییر خواهد کرد. مار گفت اگر قصد شما از این همه جهاد تنها چپاول و تجاوز است پس چرا مانند جنگجویان واقعی به میدانهای جنگ نمیروید؟ چرا اراجیب مقدستان را بر نیزه ها به میدان جنگ می برید و آنها را سپر بلای خود می گردانید و با باورهای پیروانتان اینچنین بازی می کنید؟! مفتی گفت جنگ، جنگ است و جنگ یعنی کشتن و کشته شدن ولی راستش اگر ما بر نام الله سوار نشویم واقعا چن تا از این سگهای مسلمان حاضر خواهند شد که برای ما مفتی ها بکشند و کشته شوند؟ براستی که الله بهترین نیرنگ یک مفتی سنی مذهب است. مار گفت آیا ممکن است که شما مفتی ها خودتان نیز به زیر نام الله کشته شوید؟ مفتی گفت البته که نه. مار گفت چطور شما کشته نمی شوید و فقط آنهایی که به شما ایمان دارند کشته می شوند؟ مفتی گفت خب جواب خیلی ساده است؛ زیرا ما می دانیم چطور از فرمولهای اراجیف مقدس و سنت استفاده کنیم. مهاجران کمی سکوت کردند و داشتند حرفهای مفتی را تجزیه و تحلیل می کردند که مار چشمش به پرچم سگهای سنی مذهب افتاد و گفت پس به همین دلیل است که پرچم شما

به رنگ سبز است و در آن نام الله را بر روی یک شمشیر برهنه نوشته اید که یعنی کشتن و کشته شدن برای زندگی سرشار از لذت به زیر نام الله. مفتی اعظم که از هوش مار خوشش آمده بود گفت الله اکبر و تبارک الله بر تو، آری همین طور است و کمی مکث کرد و گفت ولی راستش باید دیگر به جای آن شمشیر برهنه در پرچم شکل یک پالان مقدس را بکشند. سگ زرد فهمید که همراهانش کنجکاوند بدانند پالان مقدس چه میباشد پس از مفتی اعظم پرسید: میشود بگویید پالان مقدس چیست؟ مفتی پاسخ داد پالان مقدس سرآمد همه دست آوردهای ما مسلمانان پس از قرنها جهاد مقدس است و پالان مقدس یک جلیقه است که سگهای مسلمانی که بالاترین مرتبه از جهاد را میخواهند بکنند آنرا بر تن میپوشند و خود را میان حیوانات دیگر مزارع منفجر می کنند که هم می کشند و هم کشته می شوند. حیوانات گروه که ماتشان برده بود خاموش ماندند تا اینکه مار سکوت را شکست و پرسید و چه اختلافی بین شما سنی ها و شیعیان است؟ مفتی اعظم پاسخ داد شیعیان نجس بر این باورند که پیامبر پس از خود یک موش را جانشین خود گردانده بوده است و خود را دنبال رو جانشین پیامبر و پس از آن میدانند حال آنکه پیامبر هیچ جانشینی برای خود انتخاب نکرده بود. مار گفت: اما گویا شما هم پس از پیامبر خلفای راشدین را جانشین پیامبر دانستید و دنباله روی آنها را کردید مگر نه؟ مفتی اعظم گفت: نه؛ ما خلفای راشدین را جانشین پیامبر نمیدانیم و فقط به خاطر غارتها و فتوحات و تجاوزهایی که کردند احترام و دنباله روی آنها را بر خود

لازم میدانیم زیرا آنها رهبران جهادی نخستین بودند و آنها اولین صادر کنندگان انقلاب اسلامی در تاریخ ما مسلمانان بوده اند.

حرفها و پرسش های حیوانات گروه از مفتی اعظم به پایان رسیده بود پس مفتی اعظم را به الله سپردند و از آنجا نیز بیرون آمدند. در یکی از جاهای خلوت در مزرعه سگهای مسلمان که کسی متوجه مهاجران نبود سگ گفت لعنت به این مفتی های نجس اهل تسنن به راستی که آنها آبروی ما اهل تسنن را برده اند. با این اراجیفی که آنها از سنت پیامبر و قرآن به خورد مردم میدهند هزار سال دیگر هم هیچ سگی راه به انسانیت پیدا نخواهد کرد و سگ رو به مار کرد و گفت ای مار تو چطور توانستی آن پرسش ها را از مفتی اعظم بپرسی و او را نیز خشمگین نسازی حال آنکه پرسشها و گفته های تو بسیار سخت بود و روحانیون مذهبی هرگز تاقت چنین گفتگوهایی را ندارند؟! باقی مهاجران نیز گفتند آری سگ به نکته مهمی اشاره کرد و ما میخواهیم بدانیم که تو چطور می توانی چنین گفتگوهای دشوار را با روحانیون مذهبی داشته باشی و آنها نیز از تو رنجیده نمی شوند؟ مار زبانش را بیرون در آورد و به همراهانش گفت این زبان من است آنرا لمس کنید و آنها زبان مار را لمس کردند و دیدند که بسیار نرم و نازک است پس مار به آنها گفت دلیل اش را فمیدید؟!

و روز دوم نیز چنین به پایان رسید.

روز سوم مزرعه گربه های بودایی

روز سوم نوبت محله گربه ها بود و گربه سیاه خیلی امیدوار بود که مزرعه گربه ها پر باشد از تمدن و انسانیت. آنها وارد مزرعه گربه های بودایی شدند و از انسان و انسانیت از گربه های بودایی پرسیدند. گربه های بودایی چیزهایی گفتند و چیزی که حیوانات گروه شنیدند این بود: انسان همان بوداست و برای یافتنش باید بودا را پیدا کنی و بودا در درون شماست. گربه پرسید چگونه بودا را در خود پیدا کنیم؟ گربه های بودایی گفتند باید در نیروانا گم شوید تا بتوانید بودا را در خودتان پیدا کنید. مار پرسید: چگونه میشود در نیروانا گم شد؟ گربه های بودایی گفتند باید نخست نیروانا و بودا را بشناسید و برای شناخت آنها باید عبادات بودایی را مو به مو انجام دهید. گربه سیاه پرسید: عبادات بودایی چگونه است وچطور میتوانیم آن را بیاموزیم؟ گربه های بودایی پاسخ دادند که فقط راهب اعظم است که میتواند به خوبی عبادات بودایی را به شما بیاموزاند و آدرس راهب اعظم را که در معبد مقدس زندگی می کرد دادند. مهاجران نزد راهب اعظم که در معبد مقدس بر روی کوه بزرگی بود رفتند و او یک گربه کچل بود که لباس نیمه برهنه ای داشت و بر روی کون خود نشسته بود آنچنان که گویا در خیالش داشت به دنبال ماهی می گشت. مهاجران کمی منتظر ماندند تا مزاحم راهب اعظم نشوند ولی گویا گربه راهب ول کن ماهی های خیالی نبود تا اینکه گربه سیاه چن تا میو میوی عجیب کرد و راهب اعظم را از جا پراند و به او سلام داد و گفت ما مهاجرانی هستیم که به دنبال انسان و انسانیت می گردیم و سوالاتی داریم که اگر کمکمان بکنید خوشحال

می شویم. راهب اعظم که گویا از خواب پریده باشد اول کمی کله کچلش را خاراند و گفت باشد بپرسید. نخست مار از راهب بودایی پرسید انسان کیست و انسانیت چیست؟ راهب بودایی در پاسخ گفت: انسان یک گربه است که به طور مادرزاد کله اش مو ندارد و هرچقدر هم که برای مستغرق شدن در نیروانا بر روی کونش بنشیند کونش درد نمیکند زیرا جنس کونش از فولاد استیل است. گربه سیاه پرسید: ما میخواهیم نیروانا و بودا را بشناسیم، نیروانا چیست و بودا چیست و آنها چگونه اند؟ گربه راهب پاسخ داد: نیروانا نیرویی است که در آن رنج و غم و کاستی وجود ندارد، بی آغاز و بی پایان است و بودا حضور در نیروانا به طور آگاهانه است. گربه سیاه گفت: چگونه میشود در نیروانا آگاهانه حضور پیدا کرد؟ راهب اعظم گفت: باید ساعتها و روزها مانند من بر روی کون خود بنشینید و به فکر و خیال بپردازید تا از چرخه مرگ و زندگی خارج شوید و آنگاهست که شما به طور آگاهانه در نیروانا مستغرق گشته اید و آنگاه است که DNA شما از گربه به بودا جهش پیدا می کند. مار گفت مگر چرخه مرگ و زندگی به دست ماست که بخواهیم از آن خارج شویم؟ راهب اعظم گفت: آری چرخه مرگ و زندگی مانند یک وسیله نقلیه است که شما اگر بخواهید و تلاش بکنید میتوانید از آن پیاده شوید. گربه سیاه پرسید: آیا تا کنون در میان شما گربه ها پس از "سیدهات گاتهم بود" کسی DNA اش به انسان جهش پیدا کرده است؟ راهب اعظم پاسخ داد آری بسیاری از گربه های بودایی میتوانند با شیرجه زدن در نیروانا و غرق شدن در

آن انسان بشوند چون در آن لحظه از چرخه مرگ و زندگی خارج شده اند و اگر در آن هنگام DNA شان مورد آزمایش قرار بگیرد DNA انسان دیده خواهد شد. مار زنگی گفت: منظور دوستمان گربه سیاه انسانیت لحظه ای آنهم در خیال و وهم نیست. منظورش انسان بودن به طور دائمی است و نه در حالت نشسته بر روی کون و بی حرکت بلکه در زندگی روزمره. راهب اعظم خندید و پاسخ داد: آن چیزی که شما میگویی چیز عجیبیست زیرا در زندگی روزمره که هنوز در چرخه زندگی هستید پس نمیتوانید انسان یا یک بودایی واقعی باشید. و ادامه داد و گفت اگر سوالاتتان تمام شده بگذارید تا یک شیرجه به درون نیرووانا بزنم و خوب در نیرووانا مستغرق بشوم.

مهاجران راهب اعظم را گذاشتند تا در نیروانا قرق شود و از حضورش خارج شدند. پس از خروج از نزد راهب اعظم گربه سیاه کمی خوشحال بود و با خودش فکر می کرد که لااقل دامن بودائیان از ترور و خشونت پاک مانده است که در همین لحظه دیدند در گوشه شرقی مزرعه گربه ها که "برمه" نام داشت چند توله سگ مسلمان توسط گربه های بودایی دوره شده اند و گربه های بودایی با عصبانیتی وصف ناشدنی آنها را شکنجه و آزار میدهند. گربه میخواست برای نجات توله سگهای مسلمان کاری بکند زیرا چند روز پیش را به یاد آورد که خودش در وضعیتی مشابه در مزرعه سگهای مسلمان گیر افتاده بود. ولی همراهانش نگذاشتند که کاری بکند زیرا جان همه آنها در خطر می افتاد. در این هنگام یکی از توله سگهای مسلمان برمه ای که توانسته بود

از معرکه فرار کند و در همان نزدیکی زخمی و خسته در کناری افتاده بود را دیدند که سگ زرد او را شناخت پس به او نزدیک شد و به توله سگ مسلمان برمه ای سلام کرد و گفت چرا گربه های بودایی با شما چنین می کنند؟ توله سگ گفت: زیرا بودائیان فکر می کنند که ما سگ هستیم و نه انسان. سگ زرد گفت و چرا سگهای مسلمان مزرعه مسلمانان برای نجات شما کاری نمی کنند؟ توله سگ برمه ای گفت سگهای مسلمان و دیگران به خاطر این که ما خون الله نداریم به ما کمک و توجهی نمی کنند. سگ زرد گفت خون الله دیگر چیست؟ توله سگ برمه ای گفت: خون الله همان نفت است که در اطراف مزرعه سگها میجوشد و سگهای مسلمان آنرا برای نجات جان اسلام و الله به دیگر حیوانات دهکده میدهند تا بتوانند در عوض آن هر چیزی را که لازم دارند بگیرند، هر چیزی که برای جهاد مقدس لازم است مث پالان مقدس و هر وسیله جنگی دیگر و آنها حتی حق وتو در سازمان مزارع متحد را با خون الله معاوضه می کنند. مار گفت بگذارید تا زخمهایش را مداوا بکنم و زخمهای توله سگ را با زهر های شفا دهنده مداوا نمود. گربه که از رفتار وحشیانه هم کیشان بودائیش سخت در خود فرو رفته بود نگاهی به برمه کرد و به دیگر مهاجران گفت نگاه کنید، نگاه کنید، بودا آنجاست، در میان توله سگهای برمه ای و دهکده را به تماشا ایستاده است؛ من بودا را در توله سگهای مسلمان برمه می بینم. حیوانات گروه به برمه نگاه کردند و گفتن ما چیزی جز قتل و خشونت بی رحمانه نمی بینیم!! گربه سیاه گفت: مگر نمی بینید توله سگهای مسلمان

را که از یک سو از چرخه زندگی در میان همسایه های خود با زور خارج می شوند و از سوی دیگر توسط همکیشان مسلمانشان از چرخه مرگ حتی خارج شده اند زیرا مسلمانان برای مرده هایشان دسته کم قبری می کنند و چند آیه از اراجیف قرآن را واق واق می کنند ولی برای این توله سگها حتی کمی واق هم نزدند؛ میدانید چرا زیرا این توله سگها برای آنها مرده هم حساب نمیشوند؛ پس اکنون توله سگهای مسلمان از چرخه مرگ و زندگی خارج شده اند؛ آنها بودا شده اند.
مهاجران که متوجه اندوه بسیار گربه شده بودند گفتند آری و بودا قطعا کاری خواهد کرد. مهاجران پس از دقایقی که توله سگ مسلمان برمه ای را مداوا کردند از آنجا رفتند تا سفرشان را ادامه دهند و هنوز روز تمام نشده بود پس حیوانات گروه با خود گفتند چطور است حالا که هنوز وقت داریم یک سری به رود گنگ بزنیم زیرا در همین نزیکی است و در آن دست و صورت خود را بشوییم و کمی از آن بنوشیم.
پس به سمت گنگ روانه شدند. در نزدیکی گنگ یک قورباقه سبز زندگی می کرد و آنها او را دیدند. مار از او پرسید کجا میتوانیم کمی از آب مقدس گنگ بنوشیم و دست و صورت خود را در آن بشوییم؟

قورباقه ها که هندو ها بودند در دهکده منتشر کرده بودند که رود گنگ مقدس است. قورباقه سبز گفت رود گنگ همین نزدیکی است میتوانم شما را به آنجا ببرم ولی بهتر است از آب رود گنگ ننوشید و دست و صورت خود را نیز در آن نشویید. مار گفت چرا؟ قورباقه سبز گفت زیرا رود گنگ نجس شده است. موش گفت چرا نجس شده است؟

قورباقه سبز گفت هندوها چنین نجاست بزرگی را به بار آوره اند. مهاجران و قورباقه سبز که دیگر به کنار رود گنگ رسیده بودند دیدند که آری واقعا نجاست تمام گنگ را در بر گرفته است و بوی گند گنگ همه جا را متعفن کرده است. گرگ گفت: هندوها چه کسانی اند و چرا چنین ستمی را به گنگ کرده اند؟ قورباقه سبز گفت آنها هم کیشان منند یعنی آنها قورباقه های هندو هستند و آنها به سادگی یک حماقت بزرگ را همیشه تکرار کرده اند که باعث چنین فساد بزرگی شده است. میمون گفت چه حماقتی را به سادگی تکرار کرده اند. قورباقه سبز گفت هندوها مانند گوسفندان بدون هیچ پرسش و تفکری تفسیر غلط مرتاضان و روحانیون نجس خودشان را از اراجیف مقدسمان پیروی نموده اند. گربه گفت مگر اراجیف مقدس شما چه گفته اند و تفسیر روحانیون هندو چه بوده است؟ قورباقه سبز گفت در اراجیف مقدس ما آمده است که رود گنگ پاک است و با شستشوی در آن میشود از کثافتهای حیوانی پاک شد و چون پاکیزگی در DNA تاثیر میگذارد در نتیجه DNA هندو ها به خاطر پاکیزگی به DNA انسان تغییر پیدا می کند و به این ترتیب گنگ به انسان شدن هندو ها کمک خواهد کرد و این را روحانیون هندو چنین تفسیر کرده اند که یعنی باید هندو ها تمام کثافتها و آشغالهای خود را و حتی جنازه هایشان را درون گنگ بیندازند تا پاکیزه بشوند و DNA شان به انسان تغییر پیدا کند. الاغ گفت و تفسیر درستش چه است؟ قورباقه سبز گفت تفسیر درستش این است که باید هندو ها برای پاکیزه نگداشتن رود گنگ بسیار تلاش کنند تا در

محیط سبز و امنی که از این پاکیزگی به وجود خواهد آمد بتوانند یک زندگی انسانی داشته باشند و بتوانند با داشتن یک زندگی انسانی نهایتا انسان بشوند یعنی آنچه که در اراجیف مقدسمان درباره شستشو در گنگ آمده است فقط نشانه از اهمیت پاکیزه نگداشتن گنگ است یعنی باید به اندازه ای در پاکیزگی گنگ کوشید که حتی بتوان از آن نوشید و در آن شستشو کرد و واقعا به این معنی نیست که از آن بنوشند یا در آن شستشو کنند. گرگ گفت تو که این چیزها را میدانی چرا قورباقه مانده ای؟ قورباقه سبز گفت همانطورکه پاکیزگی گنگ به زندگی انسان و انسانی زیستن کمک می کند آلودگی گنگ نیز باعث حیوانییت و سقوط به درجات پایین حیاط میشود و من چطور میتوانم در میان این همه آلودگی چون انسان زیست کنم و باور من این است که پاکیزگی گنگ به زندگی تمام حیوانات دهکده تاثیر گذار است و همینطور آلودگی آن. مهاجران متوجه شدند که بدون استفاده از زهر راستگویی دارند حرفهای راست و درستی را از کسی در دهکده میشنوند که متعجب شدند و با قورباقه سبز احساس نزدیکی کردند پس مار گفت آیا تو یکی از رهبران مذهبی هندو ها هستی؟ قورباقه سبز گفت خیر من از آنها نیستم و از آنها بیزارم. مار گفت اگر می گفتی که هستی واقعا جای شگفتی داشت زیرا تا کنون با هر رهبر مذهبی ای حرف زدیم جز دروغ و فریب چیزی نشنیده ایم. الاغ پرسید پس تو چطور این همه تفاسیر درست را از اراجیف مقدستان می دانی؟ قورباقه سبز گفت زیرا من اراجیف مقدسمان را باور دارم و برای فهمیدن انسان

و انسانیت خوانده ام و نه مانند روحانیون مذهبی برای فریبکاری و دروغ. مهاجران پس از صحبت با قورباقه سبز هندو تصمیم گرفتند تا پایان روز برای پاکیزگی گنگ کمک کنند و قورباقه سبز نیز از آنها بسیار سپاسگذاری کرد و گفت خیلی دوست دارم که بدانم شما کیانید و از کجا آمده اید و به کجا میروید زیرا معلوم است که از حیوانات دیگر مزارع دهکده هستید. مهاجران گفتند آری ما حیوانات دیگر مزارع هستیم و یکی یکی خود را معرفی کردند و گفتند ما هم مانند تو از آنچه در مزارع ما باعث فساد و تباهی شده به تنگ آمدیم و به این نتیجه رسیدیم که برای نجات دهکده از تباهی باید انسان و انسانیت را بیابیم و به دهکده بازگردانیم. قورباقه سبز گفت بسیار خوبست. راستش من نیز دوست داشتم با شما همراه شوم ولی فکر می کنم که بهتر است برای نجات گنگ از شر فساد هندوها اینجا بمانم و تمام تلاشم را بکنم اما اگر شما موفق شدید و انسان و انسانیت را یافتید درود مرا برسانید و مرا از انسان و انسانیت بی خبر مگذارید. حیوانات گروه گفتند حتما چنین خواهیم کرد و از قورباقه سبز هندو خدا حافظی کردند و به ادامه سفرشان پرداختند.

روز چهارم مزرعه میمونهای مسیحی

روز چهارم آنها وارد مزرعه ای شدند که توسط میمونهای مسیحی به تصرف در آمده بود و از میمونها سراغ انسان و انسانیت را پرسیدند و چون میمونها خودشان را انسان میپنداشتند هرکدامشان از خودشان

چیزهایی میبافتند و می گفتند. پس مهاجران به ناچار سراغ پاپ اعظم را از آنها گرفتند زیرا او از همه دیگر میمونها بیشتر ادعای انسانیت داشت و او در کلیسای بزرگ بود و پاپ یک میمون با دمی بلند بود اما اصلا متوجه دم بلند خود نبود. مهاجران به حضور پاپ اعظم رسیدند و گفتند: ما گروهی مهاجر هستیم و داریم درباره انسان و انسانیت تحقیق می کنیم و میخواهیم بدانیم انسان کیست و انسانیت چه می باشد؟ پاپ اعظم کمی دمش را تکان داد و شروع کرد به موعظه کردن ولی چون مهاجران زهر راستگویی را خورده بودند چنین شنیدند که پاپ اعظم می گفت نه انسان را میشناسم و نه انسانیت را میدانم که چیست و ادامه داد و گفت نکند شما فکر کرده اید که عیسی ناصری آن میمون ابله انسان بوده است؟! نه هرگز؛ بلکه او فقط یک میمون فلک زده ابله بود که خود را قربانی عده ای فرو مایه کرد و مث دلقکها نیز به درک واصل شد و اگر ما روحانیون مسیحی نبودیم روحانیون یهودی حتی داستان حماقتش را هم منتشر نمیکردند. مهاجران که میدانستند بی اطلاعی از انسان و انسانیت وجه اشتراک همه روحانیون مذهبی ادیان دهکده است شروع کردند به پرسیدن پرسشهای خود درباره مسیحیت. مار پرسید: میشود بگویید اصلا عیسی ناصری برای چه چیزی قیام کرد؟ و چه فرقی بین مسیحیت و یهودیت وجود دارد. پاپ دوباره شروع کرد به موعظه کردن ولی خب آنچه که مهاجران میشنیدند این بود: آری من هم با شما موافقم که فرقی بین یهودیت و مسیحیت یا هر کوفت دیگری وجود ندارد ولی خب قیام عیسی یک تفاوت بزرگ داشت و آن اینکه دکان

و دستگاه فرسوده روحانیت یهودی را در قالب مسیحیت جان تازه ای بخشید به طوریکه شما میتوانید امروزه تعداد بسیاری کلیسا را ببینید و بسیاری از کشیش ها و بسیاری از گوسفندان را که ما میچرانیم و از آنها بهره می کشیم و حتی مفتی ها و آلت الله های مسلمان نیز وامدار همان عیسی ناصری احمق فلک زده اند. میمون گفت: مگر عیسی ناصری بر ضد تمام روحانیون یهودی قیام نکرد؟ مگر به هنگام مصلوب شدنش پرده معبد از بالا تا پایین دوپاره نشد؟ پس چطور میشود مسیح خداوند را به احیاء کردن روحانیت خونخوار یهودی متهم کرد؟ پاپ گفت: بلی پرده معبد از بالا تا پایین دو پاره شد ولی خود عیسی بهانه ای به دست ما روحانیون مسیحی داد تا بتوانیم هزار هزار پرده تازه بسازیم که هیچ مسیحی نمیتواند آنرا پاره کند حتی اگر خود خدا هم به صلیب کشیده شود باز هم پرده هایی که ما ساخته ایم پاره شدنی نیست. میمون پرسید چه پرده ای شما ساخته اید و چگونه؟ پاپ اعظم گفت نخست ما گوسفندان مسیحی را تحقیر و بدهکار به کلیسا ها میگردانیم و این کار را با اعتراف گیری به گناهان انجام میدهیم. و نتیجه آن این است که آنها مث بدهکاران به بانکها از کلیسا و مسیح می ترسند و دوری میجویند و از سویی عیسی ناصری را یک درجه بالا برده و خدا ساخته ایم که با این کار ما خدا را محو می کنیم. پس وقتی فرزند خدا را خدا بگردانیم دیگر جایی برای خود خدا وجود نخواهد داشت. و وقتی فرزندان خدا را به درجه حیوانات پایین ببریم دیگر فرزندی برای خدا باقی نخواهد ماند. یعنی در یک سو گروهی حیوان خواهیم داشت که

همان مسیحیانند و در سویی دیگر یک خدا که ساخته دست ما روحانیون مسیحی است و در این میان شکافی به وجود میاید به بزرگی حماقت مسیحیان که جولانگاه گسترده ای برای چپاول و شکنجه گریها و تحکم ما روحانیون مسیحی در همه دوران سیاه مسیحیت بوده است. حالا فهمیدی پرده ای که ما ساختیم چیست؟ پرده ای که ساختیم خودمان روحانیون مسیحی و این کلیساها می باشند. و اکنون ما همچون خونخواران پیر در کناری ایستاده ایم و مشغول نظاره کار فرزندانمان هستیم. مار پرسید فرزندانتان کیانند؟ پاپ گفت همین مفتی ها و آلت الله های مسلمان فرزندان ما هستند و چه خوب دارند گذشته ما را تکرار می کنند. مهاجران متوجه شدند که اثر زهر راستگویی دارد از بین میرود چون پاپ خیلی بسیار موعظه کرده بود و مهاجران دیگر داشتن به طور معمولی فریبهای پاپ را می شنیدند که داشت ادامه حرفهایش را می زد و می گفت: آری خداوند ما عیسی مسیح خود را قربانی گناهان ما کرد تا ما همگی به بهشت وارد شویم پس به گناهان خود اعتراف کنید و قلب های خود را برای محبت خداوند باز کنید زیرا ملکوت خداوند نزدیک است و ... پس مهاجران از پاپ بابت تمام حقایقی که گفته بود تشکر کردند و او را به خدایش سپردند و رفتند تا به ادامه سفرشان برسند.

روز چهارم مزرعه الاغهای یهودی

آنها وارد بخش مرکزی مزرعه الاغهای یهودی شدند که اورشلیم نام داشت و اورشلیم جایی بود که حتی برای سگهای مسلمان و میمونهای مسیحی مقدس بود زیرا بسیاری از انبیاء آنها نیز در همانجا به گور فرستاده شده بودند.

مهاجران در اورشلیم از الاغهایی که در بازار بزرگی که همیشه زیر دیوار ندبه برپا بود گذشتند. الاغهای یهودی ظاهرا سرهاشان را تکان تکان میدادند و زیر لب اراجیفی را آر آر مینمودند که گویا در حال عبادتند لیک مهاجران می فهمیدند که آنها مشغول داد و ستد با شیطانند. مهاجران از یکی از آنها آدرس خاخام بزرگشان را پرسیدند و او به مهاجران گفت که خاخام بزرگشان در کنیسه بزرگ بالای کوه نفرین شده صهیون است. پس مهاجران به نزد خاخام بزرگ بر بالای کوه نفرین شده صهیون رفتند و او را ملاقات کردند و او یک الاغ با کله ای بزرگ بود. نخست مار زنگی درباره انسان و انسانیت از خاخام بزرگ پرسید. خاخام بزرگ گفت: فقط ما یهودی ها در دهکده انسان هستیم و باقی اهالی دهکده حیواناتی بیش نیستند. مار پرسید شما از کجا چنین مطمئن هستید؟ الاغ بزرگ گفت: زیرا یهوه در اراجیف مقدسی که به ما داده گفته است که "من شما را برگزیده ام از میان همه اهالی دهکده و شما را قوم خود گردانیده ام." براستی آیا اگر ما انسان نبودیم ما را بر می گزید و ما را چنین خطاب می کرد؟ مار گفت: فکر نمی کنید شاید دلیل دیگری برای چنین خطاب قرار دادنتان داشته است؟ خاخام بزرگ گفت مثلا چه دلیل دیگری؟ الاغ سفید گفت مثلا به این دلیل که وقتی

۷۹ نیاکان ما در بردگی و بندگی بیگانگان بودند و روحیه آنها شکست خورده بود و آرمانهای انسانیشان برایشان دست نایافتنی به نظر می آمد پس یهوه خواست تا روح شکست خورده نیاکان ما را بازسازی کند و به آنها انگیزه دهد تا بتوانند بر خلاف تمام بدبختی هایی که داشتند به انسان و انسانیت امیدوار بشوند تا برای یک زندگی انسانی دوباره تلاش کنند؛ زیرا یهوده در اراجیف مقدسمان این را نیز گفته که مادامیکه بر سر پیمان من باقی بمانید و بر طبق راههای من سلوک کنید با شما خواهم بود؛ و عیسی ناصری راه خداوند بود و خداوند می خواست به وسیله او یهودیان را به آرمانهای انسانیشان برساند و نیز اینکه آرمانهای انسانی را به همه اهالی دهکده که فرزندانش بودند معرفی کند ولی شما خواستید که آتش خداوند را با فوت هایتان خاموش کنید. خاخام بزرگ که چنین سخنانی را از هیچ الاغی نشنیده بود بسیار شگفت زده شد و گفت این حرفها اشعار کودکانه ای بیش نیستند زیرا اگر چنین می بود یهوه ما را انقدر با اقتدار یاری نمی کرد؟ آیا میدانید چقدر از خونهای اهالی دهکده را به خاطر ما ریخته است؟ آیا فکر می کنید اگر آنها را انسان یا فرزند خود میدانست با آنها چنین بی رحمانه رفتار می کرد؟ الاغ سفید گفت همه آن خونها را شما انبیاء کذبه یهودی ریخته اید و نه یهوه. خاخام گفت چیزی خارج از اراده خداوند نیست و شما نمیتوانید آن خونها را به پای ما بنویسید. الاغ سفید گفت پس باید هیتلر را که میخواست ریشه یهودیان را در غرب دهکده برکند نیز دست قهر یهوه دانست و آنرا بوسید و استخوانهای او را مانند استخوانهای یوسف

به سرزمین موعود آورد و به خاک سپرد زیرا چنان که شما می گویید او نیز از اراده خداوند یهوده خارج نبوده است. خاخام گفت آری براستی او مسیح راستین ما بود زیرا اگر او نمیبود اکنون ما سرزمینی برای سکونت نداشتیم و آن چیزی که یهوه به دست موسی نتوانست برای ما فراهم کند به دست مبارک هیتلر برای ما فراهم آورد ولی استخوانهایش را به سرزمین موعود نخواهیم آورد و او را همیشه در ملاء عام لعن می کنیم زیرا ما میتوانیم به زیر نام مبارک او بر اهالی دهکده سوار شویم و هر بازی ای که میخواهیم بکنیم. مهاجران آنچه میخواستند بفهمند را دیگر فهمیده بودند پس کم کم گفتگو با روحانی یهودی را به پایان رساندند و از نزد او خارج شدند تا به ادامه سفرشان بپردازند.

روز پنجم وادی گرگهای زرتشتی

روز پنجم آنها به کوهستان سنجار رفتند تا از زرتشتیها در باره انسان و انسانیت بپرسند ولی گله گرگها چوپانی نداشت و گرگها پراکنده بودند و مهاجران فقط توانستند یک گرگ پیر را پیدا کنند و از او درباره انسان و انسانیت بپرسند. مهاجران از گرگ پیر پرسیدند که انسان و انسانیت چه می باشد؟ گرگ پیر گفت نمی دانم انسان کیست و انسانیت چیست ولی میدانم که فریب و خیانت و بی تفاوتی نمیتواند انسانی باشد و نه چپاول و تجاوز و نه خیلی چیزهای دیگر. مهاجران گفتند منظور شما چه می باشد؟ گرگ پیر گفت در میان ما گرگها یک انسان بود و او زرتشت بود لیک موبدان ما با فریب و خیانت تمام میراث انسانی او را

به بازی گرفته و به گا دادند پس ما گرگها به این نتیجه رسیدیم که فریب و خیانت از اصول حیوانیت است و نه انسانیت. از طرفی سگهای مسلمان به فریب و خیانت، چپاوول و تجاوز را افزودند تا هستی ما را نابود کنند و ما فهمیدیم که چپاوول و تجاوز نیز انسانی نیست و نه خیلی چیزهای دیگر. گرگ خاکستری از گرگ پیر پرسید چرا بی تفاوتی نمیتواند انسانی باشد؟ گرگ پیر گفت زیرا اگر ما نسبت به فریب و خیانت موبدانمان بی تفاوت نمیبودیم آنها آیین و دین پاک ما را به گه نمی کشیدند و همینطور اگر نسبت به تجاوز و چپاول سگهای مسلمان بی تفاوت نمی مانیدم باز هم اکنون بی سرزمین و سرگردان در این بیابانها نمیگشتیم.

مهاجران به پایان جستجوی خود در دهکده رسیده بودند و تنها وادی مارها مانده بود و برخی مزرعه ها و جاهای دیگر ولی آنها از آن مزرعه ها و وادی ها چیز زیادی نمیدانستند و کسی از اهالی آن جا ها با آنها نبود پس نمی توانستند آن جاها را جستجو کنند و نیز اینکه تا همینجای سفرشان دیگر از وجود انسان و انسانیت در دهکده خیلی نا امید شده بودند.

روز ششم وادی مارهای شیطان پرست

روز ششم مهاجران وارد وادی مارها شدند و چون اهالی وادی مارها بیشترشان از مزارع دهکده به آنجا مهاجرت کرده بودند پس دیگر نیازی به یافتن و صحبت کردن با رهبران مذهبیشان نبود زیرا قبلا با آنها

در مزرعه های خودشان صحبت کرده بودند. مهاجران در بازارها و دیگر جاهای وادی مارها گشت زنی کردند و دیدند که گویا همه چیز در وادی مارها متمدنانه و خوب می باشد پس آنها از مار پرسیدند تو چرا وادی خود را رها کردی و برای یافتن انسان و انسانیت به دنبال ما آمدی؟ و اصلا تو چه جور جانوری هستی زیرا ما مشابه تو را در هیچ جای دیگر دهکده ندیده بودیم. مار گفت آری دیگر وقت آنست که همه چیز را درباره خود به شما بگویم. نخست اینکه من از شیاطینم و در وادی مارها و در همه جای دیگر دهکده هم نوعان من وجود دارند. موش گفت یعنی در میان موشها هم از هم نوعان تو وجود دارند؟ مار گفت آری در همه مزارع از هم نوعان من وجود دارند حتی در میان رهبران و سیاستمداران همه مزارع دهکده. گربه گفت پس چطور آنها شناسایی نمی شوند؟ مار گفت: زیرا آنها هم مانند من لباسهای ماریکایی دارند و هم اینکه ما شیاطین با هویت حقیقی خودمان حتی در ماریکا نمیتوانیم آسوده زندگی کنیم یعنی ما در ماریکا هم باید به طور پنهانی زندگی کنم. سگ گفت اگر تو شیطان هستی پس چرا همراه ما به دنبال انسان می گردی؟ مار گفت راستش فکر می کنم شیطان نیز همان جایی باشد که انسان هست. الاغ گفت ما فکر می کنیم روح شیطان دهکده را تسخیر کرده است و تمام فساد و بدبختی در دهکده را نشات گرفته از شیطان میدانیم و تو می گویی که به دنبال شیطان می گردی؟ مار گفت ما شیاطین نیز خوب و بد داریم و راستش همانطور که شما فکر می کنید انسان و انسانیت از دهکده رخت بر بسته است ما شیاطین خوب نیز

فکر می کنیم که روح شیطان از دهکده رخت بربسته است و آنهایی را که در دهکده به تباهی و پلشتی مشغولند را ضد شیطان می دانیم زیرا فکر می کنیم شیطان همه پاکی و راستیست و دشمنان شیطانند که دروغ و فریب و تباهی را در دهکده ترویج می کنند. گرگ گفت چرا فکر می کنید که شیطان باید همان جایی باشد که انسان هست؟ مار گفت زیرا همچنان که شما در جستجوی انسان در دهکده بودید من نیز به دنبال شیطان می گشتم و از موقعی که با شما همراه شده ام گمان می کنم که انسان و شیطان دو روی یک هویت میباشند یا چیزی شبیه به آن و ما شیاطین همه دورانها در دهکده بوده ایم و ما از پیروان و دوست داران و یاری کننده گان انبیاء شما بوده ایم. سگ گفت یعنی چه؟ آیا منظورت این است که شما شیاطین از یاران و پیرووان انباء انسانی بوده اید؟ یعنی مثلا شما از پیرووان محمد یا ابراهیم بوده اید؟ مار گفت آری و کمی بیشتر از آن و همینطور تمام دیگر انبیاء. الاغ گفت تا جایی که ما میدانیم شیطان و شیاطین همیشه دشمنان انبیاء بوده اند و این چیزی که میگویی بسیار عجیب مینماید. مار گفت آری درست است همانطور که همه انسانها دوستان و پیرووان انبیاء نبوده اند همه شیاطین نیز پیروان و یاوران انبیاء نبوده اند و در واقع آنچه شما میدانید روی دیگر یک هویت است. مثلا ما شیاطین عیسی را فرزند پاک شیطان میدانیم که با کمک روح پاک شیطان توانست با ضعفها و کاستی های انسانی مبارزه کند و همینطور برای همه دیگر انبیاء. میمون گفت اما در وادی شما همه چیز خوب و متمدنانه است؟ آیا فکر می کنید اگر شیطان را بیابید

وضعتان بهتر می شود؟ مار گفت آنچه از تمدن و خوبی در وادی ما می بینید ساختگی و پوشالیست و مانند کف روی آب می ماند و ما شیاطین راستین میدانیم که این تمدنهایی که بر پایه راستی و درستی بنا نهاده نشده اند دل خوش کنک هایی بیش نیستند و هر لحظه امکان فروپاشی و نابودی آنها وجود دارد و آنچه شما باید بدانید اینست که رئیس جمهور مارها با روحانیون مذهبی شما که آنها را منشا شر و بدبختی و فساد در دهکده می دانید دستشان در یک کاسه است و آنها همه متحدان پلیدی و فساد می باشند آنها با هم یک اتحاد پلید اهریمنی دارند و تمام دعواهایشان بر علیه یکدیگر ساختگی است تا ما اهالی دهکده را بازی دهند. آنها قسم خورده اند تا دهکده را نابود کنند و ما شیاطین راستین راه چاره را در یافتن مولایمان شیطان میدانیم تا با روح پاک و بزرگ خود به پاکی و روشنایی دهکده کمک کند. میمون پرسید تو اینهمه چیز را از کجا میدانی؟ مار گفت راستش من زمانی یک روحانی مذهبی بودم ولی روحانیت را رها کردم و سیاستمدار شدم و پیش از اینکه با شما همسفر بشوم یکی از سیاستمداران در ماریکا بوده ام و پرچم ماریکا را که بر فراز یک خانه سیاه افراشته شده بود را نشان داد و گفت من در آن خانه سیاه که زیر آن پرچم است کار می کردم و گفت ببینید آن پرچم ماریکاست که رنگهایی از خون و سفیدی دارد و آنها نماد جنگ و صلحند؛ نماد جنگها و صلحهای دروغین و ساختگی برای هیچ و بی هدف و بی پایان و آن گوشه پرچم را ببینید و اشاره کرد به قسمتی از پرچم که در آن ستارهایی در زمینه سیاه بودند و گفت

ببینید ستاره ها را که در گوشه ای از آسمان سیاهی که این جنگها و صلح های دروغین ساخته اند به دام افتاده اند و ستاره ها آرمانهای بلند شیطانی و یا به قول شما انسانی ما هستند. مار ادامه داد و گفت شاید ادامه سفرمان به اینکه یکدیگر را بهتر بشناسیم بیشتر کمک کند و فکر می کنم اگر شما انسان را بیابید و یا من شیطان را بیابم جواب تمام سوالاتمان را پیدا خواهیم کرد. موش گفت آری بهتر است چیزی مانع سفرمان نشود. الاغ گفت هر چند سوالات زیادی در ذهن ما ایجاد کرده ای اما با تو موافقم که جواب سوالاتمان نزد انسان است.

روز هفتم خروج از دهکده

روز هفتم مهاجران وادی مارها را ترک کردند و به قبر خالی انسان که تابوت را در آن گذاشته بودند برگشتند و تابوت را برداشتند و به ادامه سفرشان پرداختند. زیرا آنها از یافتن انسان و انسانیت در دهکده مایوس شده بودند پس راه خروج از دهکده را دی پیش گرفتند و از دره های باریک زیادی گذشتند و همچنان که مار قبلا گفته بود به دشت وسیعی رسیدند و آن دشت کرکسهای بی دین بود. مهاجران در پیش روی خود دشت وسیعی را دیدند که هیچ راه و راهنمایی در آن معلوم نبود. میمون گفت اکنون چه باید بکنیم؟ پس همگی ایستادند و به مشورت پرداختند. مار گفت من فقط میدانم که باید دستهایمان را به هم بدهیم و از یکدیگر جدا نشویم. الاغ گفت چرا چنین کنیم؟ مار گفت من چند بار تا اینجا آمده ام و یک دوست کرکس دارم و یک بار از او شنیدم

که آنهایی که جدا جدا در این صحرا به سفر میروند خوراک کرکسها می شوند زیرا از تنهایی خواهند مرد. سگ گفت تو چرا چن بار به اینجا آمده ای؟ مار گفت زیرا از فساد و خیانتی که در دهکده میدیدم خسته شده بودم و به دنبال مولای خود شیطان میگشتم. گرگ گفت و چرا با کرکس دوست شدی در حالیکه می گویی آنها در دشتشان رهگذران را میخورند. مار گفت آن کرکسی که من با او دوستم قبلا یک مار بود و یک بار که من به همراه او اینجا آمدیم او وارد دشت شد و گفت تا آخر دشت خواهد رفت تا شیطان را پیدا کند و به حرفهای من توجهی نکرد و اکنون او به تمام راه هایی که به انسان یا به شیطان ختم شود کافر شده است و همین باعث شده که او تبدیل به کرکس شود یعنی بی دین شده است و نمیتواند زندگی در دهکده را تحمل کند و نه جای دیگری برای زندگی میتواند بیابد جز همین دشت کرکسهای بی دین.

پس مهاجران همگی به تابوت چسبیدند تا از یکدیگر نیز جدا نمانند و آنرا بر دستهایشان گرفتند و وارد دشت کرکسهای بی دین شدند و تصمیمشان این بود که فقط راست و مستقیم رو به جلو پیش بروند پس از چند ساعت یک کرکس آمد و بر بروی تابوت نشست و این همان دوست مار بود و به مار سلام کرد و گفت اینها چه کسانی هستند که با خود به اینجا آورده ای؟ مار گفت اینها دوستان و همراهان منند و همه دوستانش را یکایک به کرکس معرفی کرد و به همراهانش نیز گفت این همان دوستم کرکس است که قبلا برایتان گفته بودم. کرکس گفت برای چه چیزی وارد دشت ما کرکسها شده اید؟ مار گفت همچنان که

میدانی من برای یافتن شیطان به اینجا آمده ام و دوستانم برای یافتن انسان. کرکس گفت برای یافتن هر چه که آمده باشید اینجا خانه اول و آخرتان خواهد بود. موش گفت چرا چنین میپنداری؟ کرکس گفت زیرا هر کسی وارد دشت کرکسها شده دین و باورش را از دست داده است و خوراک ما کرکسها شده است. سگ که فکر می کرد همه کرکسها مانند مار شیطان پرست بوده اند، گفت: شاید ما که شیطان پرست نیستیم دین و باورمان را در دشت کرکسها از دست ندهیم زیرا ما هر کدامما ن دین و آیینی جز شیطان پرستی داریم. کرکس گفت هر دین و آیینی که داشته باشید فرقی نمیکند اینجا همه باورهای مذهبی شما به فنا میرود. الاغ گفت چرا باورهای مذهبیمان به فنا برود؟ کرکس گفت زیرا این دشت انتهایی برای دینداران ندارد و به هیچ جایی راهی ندارد و سرنوشت شما نیز مشخص است خوراک ما کرکسها خواهید شد. میمون گفت مگر تو تمام این دشت را میشناسی و به همه جای آن رفته ای که چنین با اطمینان سخن می گویی؟ شاید جایی باشد که تو نرفته باشی. کرکس گفت: ما کرکسها تمام این دشت را پیموده ایم و میشناسیم و برای همین هم به دشت کرکسها معروف است و هیچ راهی به هیچ جایی ندارد به جز انتهای شمالی این دشت که آن هم به دریای بی کران خداناباوران ختم میشود. گرگ گفت دریای ناباوران

کجاست؟ آیا آنها هم کرکس می باشند که ناباورند؟ کرکس گفت نه آنها لاکپشت ها هستند و آنها خدا ناباورانند. موش گفت آیا تا به حال از آن دریا گذشته اید؟ شاید راهی آن سوی دریای خدا ناباوران به

سوی انسان باشد؟ کرکس گفت: نه هرگز جرات رویارو شدن با آن دریا را در خود نمیبینیم زیرا تنها چیزی که از باورمان مانده است باورمان به خدا می باشد و نمیخواهیم آن را از دست بدهیم. گربه گفت چطور اینگونه مطمئن هستید؟ آیا تا به حال آزموده اید آنرا؟ شاید باورتان را از دست ندهید. کرکس گفت دریای خدا ناباوران را نیازموده ایم ولی من یک دوست لاکپشت دارم که او قبلا در دشت کرکسها بود و روزهای زیادی را با هم گذراندیم و البته او پیش از آمدن به دشت کرکسها شیطان پرست هم نبود. من او را گاه گاهی در کنار دریای خدا ناباوران می بینم و این چیزها را از گفتگو با او میدانم. الاغ گفت حالا تا آن دریا چقدر راه مانده است؟ کرکس گفت همانطور که پیشتر گفتم این دشت برای دینداران بی پایان است و به هیچ جایی راهی ندارد یعنی اگر تا ابد هم در این دشت تلاش کنید به جایی نمی رسید ولی یک راهی وجود دارد که تنها راه و نزدیکترین راه است که اگر بخواهید آنرا به شما نشان میدهم که میتوانید حتی همین امروز به آنجا برسید وگرنه هرگز به آنجا نمیرسید. مار گفت آن راه کجاست. کرکس گفت من به شما راه را نشان داده ام. گربه گفت چه راهی به ما نشان داده ای؟ منظورت چیست؟ کرکس گفت همانطور که پیشتر گفتم تنها راهی که شما را به دریای خداناباوران میرساند همین است که مذهب ها و دینهایتان را رها کنید. گرگ گفت همین الانش هم دین و مذهب درست و حسابی برایمان نمانده است ما از پسش بر میائیم. گربه گفت آری گرگ درست میگوید چه چیزی از مذهب و دینهایمان برایمان

مانده است که نگرانش باشیم. میمون گفت آری و برای ما از همه چیز مهمتر یافتن انسان است زیرا بدون انسان و انسانیت دهکده با تمام دینها و مذاهبی که دارد باز هم غرق در فساد و تباهیست و محکوم به فناست. الاغ گفت من هم موافقم تازه اگر دیدیم که پس از رسیدن به دریای خداناباوران راهی به سوی انسان و انسانیت نیافتیم میتوانیم بر گردیم و مذاهب و دینهای خود را دنباله گیری کنیم. کرکس گفت امکان ندارد کسی دین و مذهب خود را رها کند و به دریای خداناباوران برسد و دوباره بر گردد و دنبال مذهب و دین قبلی اش را بگیرد. سگ گفت چرا امکانش وجود ندارد؟ کرکس گفت زیرا پس از رسیدن به دریای بزرگ خداناباوران و دیدن پاکی و شکوه آن و غرق شدن در آن دیگر همه دینها و مذهب ها در چشم شما مثل دستبندها و پابند های مسخره میمانند که بر گشتن به آنها از خودشان هم مسخره تر مینماید. گرگ گفت چنین که میگویی باز هم اینکه به دین و مذهب خود بر گردیم یا برنگردیم بسته به خودمان است پس من حاضرم دین و مذهبم را بکلی کنار بگذارم زیرا برایم یافتن انسان و انسانیت از هر چیزی مهم تر است. موش و گربه و سگ و الاغ و میمون نیز گفتند آری برای ما نیز یافتن انسان و انسانیت از باورهای مذهبیمان مهمتر است و ما همگی حاضریم دین و مذهب خود را به کلی کنار بگذاریم ولی انسان و انسانیت را بیابیم. مار هم گفت و برای من نیز یافتن شیطان از آیین شیطان پرستی مهمتر است من هم با شما هستم. کرکس گفت بسیار خب من راه را به شما نشان می دهم فقط بگویید که این تابوت چیست که با خود به

همراه دارید. مهاجران گفتند که این تابوت تمام کتب مقدس دینهای ماست که به همراه داریم. کرکس گفت آیا شما دینهای خود را کنار گذاشته اید در حالیکه هنوز اراجیف مقدستان را به همراه دارید. مار گفت آیا به همراه داشتن چیزی به معنی باور داشتن به آن است؟ کرکس گفت درست می گویی به همراه داشتن چیزی به معنی باور داشتن به آن نیست ولی کنجکاوم که بدانم چرا آنرا با خود به همرا میبرید؟ مار گفت زیرا میخواهیم پس از یافتن گم شده امان از او بخواهیم این اراجیف را برایمان روشنگری و تفسیر کند. کرکس گفت باشد من راه را به شما نشان میدهم ولی من هم میخواهم با شما همراه شوم. مهاجران گفتن ما از همراهی تو خشنود خواهیم بود. کرکس گفت چشمهایتان را بگشایید تا دریای خدا ناباوران را ببینید. مهاجران چشمهایشان را گشودند و خود را در کناره دریای خدا ناباوران دیدند پس با تعجب پرسیدند مگر تا کنون چشمهایمان باز نبود؟ کرکس گفت چرا چشمهایتان باز بود ولی جز باورهای مذهبیتان را نمی دیدید و آن بدتر از هر نوع کوری بود و به خاطر همان بود که اگر مذهبها و دینهای خود را کنار نمیگذاشتید هرگز نمیتوانستید به دریای خداناباوران برسید. مهاجران گفتند خب اکنون چه کنیم؟ موش گفت من که شنا بلد نیستم کاش گربه شنا بلد باشد و من بتوانم بر پشتش سوار شوم. گربه گفت کاش شنا بلد بودم و تو را بر پشتم سوار می کردم ولی شنا بلد نیستم و از آب هم خوشم نمیاید. سگ گفت من شنا بلدم ولی آیا فکر می کنید میتوان با شنا کردن از دریایی به این بزرگی گذر کرد؟ گرگ گفت من

هم شنا بلدم ولی سگ درست می گوید با شنا نمیتوان از این دریا گذشت میمون گفت باید چاره ای بیندیشیم زیرا ما به یک قایق نیاز داریم چون همه ما شنا بلد نیستیم و با شنا کردن هم به آن سوی دریا نمیتوانیم برویم. الاغ روبه کرکس گفت یادم هست که گفتی این دریای خداناباوران است و آنها لاکپشت ها هستند درست است؟ کرکس گفت آری خداناباوران لاکپشت ها هستند و در این دریا زندگی می کنند. مار گفت کاش می شد با یکی از این لاکپشتهای خدا ناباور گفتگو کنیم شاید درباره این دریا چیزی به ما بگوید که ما را برای گذشتن از آن کمک کند. کرکس گفت من میتوانم از دوستم لاکپشت که خدا ناباور است و در همین دریا زندگی می کند بخواهم تا هر چه درباره این دریا می داند به ما بگوید اما باید همین جا در کناره دریا منتظر بمانیم تا او به کنار دریا بیاید. مهاجران گفتند باشد منتظر می مانیم و چند ساعتی آنجا منتظر ماندند تا اینکه دوست کرکس آمد و کرکس به او سلام کرد و همراهانش را به او معرفی کرد و همچنین لاکپشت را به بقیه گروه معرفی کرد و گفت این همان دوستم لاکپشت است که می گفتم و ما میتوانیم از او هرچه میخواهیم بپرسیم. موش به لاکپشت گفت ای لاکپشت ما میخواهیم از این دریا بگذریم آیا تو میتوانی به ما کمکی بکنی؟ لاکپشت گفت نمیدانم شاید بتوانم به شما کمک بکنم ولی چرا میخواهید از این دریا بگذرید و میخواهید به کجا بروید؟ گربه گفت ما همه به دنبال انسان و انسانیت میگردیم و فکر می کنیم که انسانیت باید جایی آن سوی دریای شما خداناباوران باشد.

لاکپشت گفت این دریا بی انتهاست و بی کرانه است شما چرا خیال می کنید که آن سوی این دریا باید جایی یا راهی به سوی انسان و انسانیت یا هر چیز دیگری باشد؟ میمون گفت ما همه جای دهکده را گشته ایم و انسان و انسانیت را نیافته ایم و در دشت بی دینی نیز اثری و نشانی جز همین کناره دریای ناباوران نیست پس از این روست که ما فکر می کنیم باید انسان و انسانیت جایی آن سوی دریای خدا ناباوران باشد.
لاکپشت گفت میفهمم چه می گویید زیرا من خود نیز از اهالی دهکده ام و به دنبال چیزی به اینجا آمده بودم و مانند شما فکر می کردم که باید آنسوی دریای ناباوران باشد و دل به دریا زدم تا گم شده خود را بیابیم ولی نه گم شده خود را یافتم و نه دیگر توانستم که به دهکده برگردم و اکنون انتخاب با شماست، اگر فکر می کنید آنسوی این دریا چیزی باشد من همه چیز را درباره این دریا به شما می گویم ولی سرنوشتتان را بدانید که تبدیل به لاکپشت های خدا ناباور خواهید شد.
الاغ گفت چرا فکر می کنی اگر ما وارد دریا ناباوران شویم تبدیل به لاکپشت خواهیم شد؟ لاکپشت گفت وقتی شما وارد دریا شوید چشمهای شما به حقایق باز خواهد شد و در زلالی و پاکی آن غرق خواهید شد و چون شما همه آگاهان خواهید شد دیگر توان زندگی کردن در میان اهالی دهکده که همگی کوردلان مذهبی هستند را نخواهید داشت و تمام دهکده برایتان تنگ و تاریک به نظر خواهد آمد و اینگونه شما همیشه در میان دریای آگاهی خواهید ماند و نام این دریا دریای آگاهیست ولی اهالی دهکده بر حسب باورهای کورکورانه و

نارسای خود نام این دریا را دریای ناباوری گذاشته اند و به ما آگاهان نیز لاکپشت میگویند. گرگ گفت پس اینکه میگویند شما به چیزی باور ندارید دروغست؟ آیا شما خدا را باور دارید؟ لاکپشت گفت نه درست است ما هیچ چیز را باور نداریم حتی خدا را ولی می دانید چرا؟ زیرا باورمندی عصای دست ناتوانان مذهبی است، زیرا ایمان دام بزرگ مبلغان دینهاست که برای پیروان ناآگاهشان پهن می کنند. و خدا تجسم حماقت بی پایانست تا مومنان از آن ترسیده شوند و روحانیون مذهبی به زیر نام خدا هر جنایت و فسادی را آزادانه و بی هیچ ترس و دغدغه ای انجام دهند. آری ما هیچ چیز را باور نداریم و نه حتی خدا را؛ زیرا ما آگاهان هستیم. آگاهان همه چیز را می فهمند و می بینند و میدانند.
ایمان بهانه بزرگ کسانیست که راه بزرگ آگاهی را نمیخواهند بپیمایند و با دروغ بزرگ ایمان راه آسان دینداری و تقلید کورکورانه را بر می گزینند. مومنان در دریای عظیم کفر و نفهمی خودشان گرفتارند و ما آگاهان همه چیز را می بینیم و می فهمیم و میدانیم و حتی اگر چیزی را هم ندانیم ندانستن ما از ایمان کوردلان فرومایه مومن بهتر است. مار گفت حالا آنسوی این دریا چیزی هست که ما میخواهیم وارد آن شویم و از آن بگذریم و به گم شده های خود برسیم چه انسان باشد یا شیطان؛ هر چه که هست میخواهیم او را پیدا کنیم. لاکپشت گفت آری آن سوی این دریا یک جزیره است که در دهکده به جزیره شیطان معروف است و هر چه هست در آن جزیره است. کرکس گفت آیا تا کنون به آنجا رفته ای و میدانی که آنجا چه خبر است؟ لاکپشت گفت آری به

کناره جزیره رفته ام و آنجا صداهایی به گوش میآید و صدا از بالای کوهی که در جزیره است میآید و تمام آگاهی و روشنایی این دریا به خاطر آن صداهاست، ولی من هرگز به آن کوه نرفته ام زیرا دست و پاهای من به گونه ای نیست که بتوانم در خشکی زیاد حرکت کنم و یا از کوه بالا بروم. موش گفت نمیدانی که آن صدا ها چه می گوید. لاکپشت گفت چرا می دانم. همه چیز می گوید حتی چیزهایی درباره نجات دهکده. گربه گفت بی شک باید انسان در آنجا باشد و بهتر است وقت را تلف نکنیم و به جزیره برویم. سگ گفت آری بهتر است همین کار را بکنیم ولی خب چگونه برویم؟ الاغ گفت کاش می شد مانند لاکپشت همگی شنا می کردیم و میرفتیم. میمون گفت کاش می شد ولی نمی شود زیرا همگی خفه خواهیم شد. لاکپشت گفت اگر عجله نداشته باشید من به شما شنا کردن را یاد میدهم آنچنان که خود یاد گرفته ام. گرگ گفت خیلی خوب است ولی ما زمان زیادی نداریم زیرا زندگی دهکده در در دستان مرگ است. مار گفت بهتر است فکری بکنیم تا راهی بیابیم. کرکس گفت کاش میشد قایقی میساختیم. لاکپشت گفت اگر بتوانید از این تابوت قایقی بسازید خوبست فقط شاید کمی اندازه قایق کوچک شود. موش گفت اگر قایق هم بسازیم آنوقت بادبانش را چه کنیم؟ گربه گفت آری اگر قایق بسازیم آنوقت با این اراجیف مقدسمان چه کنیم آیا آنها را در همین کناره دریا رها کنیم. لاکپشت گفت میتوانید با همین کاغذ پاره ها که کتب مقدسان است بادبان بسازید. میمون گفت اگر بتوانیم خوبست ولی آنها کتابهایی

از کاغذها هستند و جدا جدا می باشند، چگونه آنها را به یکدیگر بچسبانیم. مار گفت با سوزن و موی شیطان من تمام اراجیف مقدس را به هم میبافم و بادبانی برای قایق خواهم ساخت. سگ گفت اگر چنین شود بسیار خوب می شود زیرا هم اراجیف مقدسمان را باخود به همراه داریم و هم آنها به ما یک کمکی می کنند. لاکپشت گفت شما مشغول ساخت قایق شوید من هم میرم تا برایتان از ته دریا چوب بیاورم تا اندازه قایقتان کوچک نشود.

پس آنها توانستند یک قایق بزرگ از تابوت برای خود بسازند و بادبانش هم از آیات و اراجیف مقدس. قایق آماده شد و همگی سوار شدند و کرکس در بالا مسیر یابی می کرد و لاکپشت نیز از پایین آنها را همراهی می کرد. در راه مار از لاکپشت پرسید میشود بگویی آن چوبهایی که برای ساخت قایق آوردی از کجا آوردی زیرا آنها دقیق و به اندازه بودند. لاکپشت گفت در این دریا قایقهای بسیاری غرق شده اند و ما لاکپشتها شاهد بوده ایم و میدانیم که چوبهایشان کجاست و راستش این چوبهایی که برای شما آوردم چوبهای قایقی بود که برای خودم ساخته بودم ولی قایق من کوچک بود و من غرق شدم. موش گفت چوبهای قایق خودت را از کجا آوردی؟ لاکپشت گفت من هم مانند شما کتاب مقدسی داشتم و تابوتی داشتم که آن را در آن نگهداری میکردم و تمام لاکپشتها همگی مانند شما برای خودشان دین و آیین و باوری داشتند ولی در این دریا همه قایقهای مومنان غرق شده است. گربه گفت آیا ما نیز به سرنوشت شما دچار خواهیم شد؟

لاکپشت گفت بعید می دانم شما غرق شوید زیرا گویا شما همگی همپیمان شده اید که هر جوری شده گم شده خود را پیدا کنید پس دسته کم تا او را پیدا کنید شما غرق نخواهید شد. سگ گفت آیا منظورت این است که امکان دارد انسان را پیدا کنیم و در مسیر بازگشت غرق شویم؟ لاکپشت گفت آری آنطور هم ممکن است ولی همه چیز بستگی به شما دارد. اگر هدفتان فقط پیدا کردن انسان باشد شاید پس از پیدا کردنش دیگر انگیزه ای برای غرق نشدن نداشته باشید. میمون گفت آری هدفمان پیدا کردن انسانست ولی هدف ما از پیدا کردن انسان بازگردان او به دهکده و نجات دهکده است. لاکپشت گفت اگر اشکالی ندارد میخواهم از شما چیزی درباره خودتان بپرسم و میخواهم که راستش را بگویید. مهاجران گفتند باشد بپرس و مطمئن باش ما راستش را به تو خواهیم گفت. لاکپشت گفت چیزی که میخواهم از شما بپرسم بسیار مهم و حیاطی میباشد که اگر جوابتان چه دروغ باشد و چه راست در ادامه سفرتان خیلی تاثیر دارد شاید حتی باعث شود که سفرتان همینجا وسط دریای آگاهی تمام شود. مار گفت ما با خود زهر راستگویی داریم اگر میخواهی همگی از آن می نوشیم تا مطمئن شوی که ما همگی با راستی به سوالت را پاسخ می دهیم.
لاکپشت گفت نیازی به زهر راستگویی نیست زیرا اگر شما به سوال من به درستی پاسخ ندهید نمیتوانید به پایان سفر خود برسید و حتی شاید همینجا قایق شما غرق شود زیرا اینجا دریای راستی و آگاهیست و بادبانهای این قایق با تکیه بر روح راستی به حرکت در میاید. مهاجران

متوجه شدند که راستی تنها راه ادامه سفرشان برای پیدا کردن گم شده اشان و نجات دهکده میباشد پس همگی گفتند بی تردید سوال تو هر چه باشد، از ما چیزی جز حقیقت نخواهی شنید. لاکپشت گفت سوال من این است: آیا شما فکر می کنید که انسان هستید؟ و میخواهم هر کدامتان جداگانه پاسخ دهد. پس هر کدام از مهاجران جداگانه پاسخ دادند که آری من فکر می کنم که انسان هستم و اصلا اگر من انسان نباشم چرا باید به دنبال انسان و انسانیت بگردم؟ و همینطور مار نیز پاسخ داد که من هم فکر میکنم که شیطان هستم و اگر نباشم چرا باید به دنبال شیطان باشم. و همچنان باد میامد و قایق در حرکت بود بی هیچ تکان و مشکلی و مهاجران به لاکپشت گفتند آیا ما همگی به راستی و درستی پاسخ داده ایم که همچنان روح راستی ما را یاری می کند؟ لاکپشت گفت آری ولی سوال من چیز دیگری بود. مار گفت سوالت هر چه هست بی پرده بپرس. لاکپشت گفت سوال من این است آیا شما که همه همسفر هستید یکدیگر را نیز انسان میدانید یا میبینید؟ در این هنگام مهاجران رو به یکدیگر کردند و نتوانستند که پاسخ بدهند. زیرا آنها هر کدام دیگری را مانند حیوانی میدید. در این هنگام باد از وزیدن ایستاد و مهاجران متوجه شدند که آنها دارند حقیقت را پنهان می کنند. پس موش گفت آری من فکر می کنم همراهانم همه انسان می باشند. که در این هنگام بادی شدید و مخالف وزید که کم مانده بود قایق را چپه کند و مهاجران رو به موش گفتند تو با این دروغی که گفتی کم مانده بود همه ما را به کشتن دهی پس خواهشا راستش را بگو. موش یاد آن

هنگامی افتاد که در چنگال گربه گرفتار شده بود و جز راستی و توسل به انسانیت راه نجاتی پیدا نکرده بود پس رو به دیگران کرد و گفت راستش من هر کدام از شما را مانند حیوانی میبینم و شروع کرد به توصیف همراهانش و همزمان با توصیف کردن های موش باد خوبی شروع به وزیدن گرفت و قایق دوباره به حرکت افتاد اگرچه دوستان موش از او خیلی دل آزرده شده بودند. کمی که پیش رفتند قایق از حرکت باز ایستاد که لاک پشت گفت اگر میخواهید قایق از حرکت باز نایستد باید همه تان آنچه هست را بگویید. پس گربه نیز به ناچار گفت آری راستش من هم فک می کنم که شما هر کدامتان یک جور حیوانی هستید و همراهانش را یکی یکی توصیف کرد و گفت ولی فکر نمی کردم که نظر موش هم همین باشد و حتی مرا نیز نوعی حیوان بداند. دوباره باد شروع به وزیدن گرفت و سگ گفت بگذارید من هم بگویم زیرا واقعا من نیز شما را هر کدام نوعی حیوان میدانم که فقط لباسی شبیه انسان پوشیده اید ولی من هم مانند گربه فکر نمی کردم که موش و گربه مرا حیوان بدانند. و باد همچنان داشت به خوبی میوزید و میمون گفت آری همینطور است من هم هرکدامتان را یک نوع جانور میدانم و فقط برایم جالبست که موش و گربه و سگ نیز همین دید را درباره خود من داشته اند. الاغ گفت درست است من هم همه شما را حیوان می بینم و چیزی که مرا میرنجاند اینکه حتی میمون مرا الاغ میدانسته است ولی خب حقیقتی تلخ که ما را نجات دهد بهتر است از دروغی شیرین که ما را بکشد. گرگ گفت من نیز شما را حیوان می

پنداشتم ولی اینرا نمیدانستم که شما نیز درباره من چنین میپندارید. مار گفت عجیبست شما همه یکدیگر را حیوانات میپندارید و خودتان را انسان و راستش من نیز شما را حیوان میپنداشتم و خود را شیطان اما گویا همه در حیوان بودن یکدیگر تردیدی نداریم و فقط مشکل در تصور خودمان از خودمان می باشد. کرکس گفت گویا دیگر نیازی به اینکه من چیزی بگویم نیست زیرا من نیز همانند شما می باشم. لاکپشت گفت آری و حتی شما مرا نیز حیوانی میدانید که فقط چیز میداند و کاری از دستش بر نمیاید. اما به هر حال راه نجات از دریای راستی و آگاهی فقط راستی و آگاهی هست و اکنون شما میتوانید جزیره شیطان را ببینید که نجواها از آن میآید و لاکپشت جزیره را به آنها نشان داد و آنها به سلامت به جزیره رسیدند.

جزیره شیطان

مهاجران در کنار جزیره شیطان از قایق پیاده شدند و قایق را به سنگی بستند تا آب آنرا نبرد و متوجه شدند که در هنگام گذر از دریا بخشهایی از بادبان قایق که آنرا از اراجیف مقدسشان ساخته بودند از بین رفته است و گویا برخی آیات آنها را باد برده بود. به هرحال کاری از دستشان بر نمیامد پس راه کوهی که نجواهای انسانی از آن میآمد را در پیش گرفتند تا به منشاء نجواها برسند و انسان را ملاقات کنند و لاکپشت در همانجا ایستاد. کرکس رو به لاکپشت گفت چرا ایستاده ای؟ بیا تا برویم. لاکپشت گفت من نمیتوانم با شما بیایم زیرا دست و

پاهای من کوچکند و نمیتوانم با آنها راه های دشوار را بروم. مهاجران همه ایستاده بودند تا لاکپشت نیز با آنها بیاید ولی چون این حرف را شنیدند همه به الاغ نگاه کردند و الاغ گفت هیچ مشکلی نیست میتوانی بر دوش من سوار شوی و با ما بیایی. لاکپشت گفت از مهربانی و سخاوت شما بسیار سپاسگذارم اما همانطور که میبینید من بسیار عظیم الجثه میباشم و اگر بر پشت الاغ سوار شوم پشت الاغ خواهد شکست و از سویی نیازی به آمدنم با شما نیز نیست. میمون گفت آیا نمیخواهی بیایی به جایی که منشاء نجواهایی که روشنایی و آگاهی این دریاست؟ لاکپشت گفت دیدن و ندیدنش تاثیری در من نخواهد داشت زیرا زندگی من همیشه در سایه روشنایی و آگاهی او بوده است و از سویی شما دارید به آنجا میروید و او را خواهید دید و هر چه ببینید برای من هم خواهید گفت. موش گفت از اینکه به ما اطمینان داری خوشحالیم ولی کاش می شد خودت با ما میآمدی زیرا چیز مهمی است و راستش ما به خاطر اهمیت بالایی که این ملاقات برای ما دارد خودمان آمده ایم تا حقیقت را دریابیم آیا تو هر آنچه که ما از انسان به تو بگوییم را باور خواهی کرد و خواهی پذیرفت؟ لاکپشت گفت آری به شما اطمینان دارم و شما روحانیون مذهبی یا سیاستمدار نیستید اما بدانید و آگاه باشید که شما هر پیامی از انسان برای من بیاورید آنها را باور خواهم کرد و خواهم پذیرفت مگر اینکه خلاف روشنایی و آگاهی باشند.

درخت سخنگو

مهاجران از لاکپشت جدا شدند و راه کوهی که نجواها از آنجا می آمد را در پیش گرفتند و آنها راه را نمیدانستند و پس از چند ساعت شروع کردند به پرسیدن از یکدیگر که چطور باید به بالای کوه رفت که همهمه ای درمیانشان به پا شد تا اینکه صدایی از درختی که در کنارش بودند درآمد و گفت راه اینجاست. مهاجران متوجه درخت شدند و از او پرسیدند که تو که هستی؟ درخت گفت من درخت مقدس زقوم هستم. مهاجران گفتند از چه روی تو مقدس شده ای؟ درخت زقوم گفت از آن روی که خداوند مرا به دست پاک شیطان کاشته است و ریشه ام در عمق این جزیره است و میوه ام در اوج آن میباشد. مهاجران کمی از درخت دور شدند و نگاهی به بالای درخت انداختند و دیدند که بر خلاف گفته درخت بلندای درخت خیلی هم بلند نیست و تقریبا هم اندازه دیگر درختها میباشد و هرگز آنقدر بلند نیست که به اوج جزیره برسد زیرا بلند ترین نقطه در جزیره نوک همان کوهی بود که نجواهای انسانی از آن به گوش میرسید. پس به درخت زقوم گفتند چگونه خود را در اوج میپنداری حال آنکه آنقدرها هم بلند نمیباشی. درخت گفت من نگفتم که من بلند میباشم بلکه گفتم میوه ام در اوج جزیره میباشد. مهاجران به درخت گفتند چگونه وقتی تو اینجا این پایین هستی میوه ات در اوج جزیره باشد؟ درخت گفت زیرا میوه های من تنها راه رسیدن به اوج این جزیره اند. مهاجران گفتند آیا منظورت این است که خوردن میوه تو میتواند ما را به بالای کوهی که نجواهای انسانی از آن میآید برساند؟ درخت گفت: آری دقیقا. مهاجران گفتند

اگر چنین است آیا می شود به ما کمی از میوه ات بدهی تا بخوریم. درخت گفت آری میشود ولی من تشنه میباشم آیا میشود کمی به ریشه هایم آب بنوشانید؟ مهاجران متعجب شده و گفتند مگر تو نگفتی که ریشه هایت در عمق این جزیره میباشد پس چطور است که تشنه میباشی؟ درخت زقوم گفت چون این جزیره بر روی آب نیست بلکه از همه چیز جداست و ریشه های من در عمق این جزیره در هواست. مهاجران گفتند اکنون ما از دریا خیلی فاصله پیدا کرده ایم و وسیله ای برای آورن آب همراهمان نیست آیا صبر می کنی تا برای آوردن آب وسیله ای پیدا کنیم. درخت زقوم گفت نه من صبر ندارم و آب دریا نیز شور می باشد و من آنرا نمیخواهم. مهاجران به درخت زقوم گفتند پس ما از کجا و چطور برایت آب بیاوریم؟ با این حال باید صبر کنی تا باران ببارد تا بتوانی آبی پاک بنوشی. درخت زقوم گفت راه دیگری نیز هست که شما میتوانید مرا از تشنگی نجات دهید و آن اینکه شما میتوانید به زیر من بشاشید تا من از شاشهای شما سیراب شوم. مهاجران با تعجب گفتند تو چطور درخت مقدسی هستی که برای رفع تشنگی خود میخواهی از شاش ما سیراب شوی؟ و ما چگونه راضی به خوردن میوه تو بشویم درحالیکه به زیر تو شاشیده باشیم؟ درخت زقوم گفت اگر شما راست می گویید پس چرا کلام روحانیون و سیاستمداران خود را از آنها گرفته و بلعیده اید؟ حال آنکه آنها را خود ساخته و پرداخته اید و آنها از آب باران که از سوی خداوند است ننوشیده اند بلکه شما آنها را با شاش خود پرورده اید؟ شما پرستنده ساخته های خود شده اید زیرا

آنها مورد تایید خداوند نمیباشند. مهاجران گفتند ما پیروی کلام آنها نمیباشیم و برای همین نیز به اینجا آمده ایم تا کلام انسان را از خود انسان بشنویم. درخت زقوم گفت آری میبینم و نیز میبینم که هنوز اثر میوه هایی که از درخت روحانیونتان خورده اید در شما میباشد لیکن چون به راستی از آنها بیزاری جسته اید من به شما کمک می کنم و از میوه هایم به شما میدهم. و من نیازی به آب ندارم زیرا هم ریشه هایم در اعماق جزیره میباشد و هم اینکه همیشه از باران سیراب بوده ام. پس درخت مقدس زقوم از میوه هایش به مهاجران داد و آنها گرفتند و به درخت زقوم گفتند می شود بگویی چه چیزی از اثر میوه درخت روحانیون مان که ما خورده ایم در ما هست؟ درخت زقوم گفت وقتی به شما گفتم من درخت مقدس زقومم اصلا تعجب نکردید حال آنکه چیز مقدسی وجود ندارد. مهاجران گفتند آیا انسان مقدس نیست؟ درخت زقوم گفت آری میفهمم ما همه هر کدام یک وجود مقدس را گم کرده ایم اما این نباید باعث شود که هر موجودی برایمان مقدس شود. مهاجران گفتند آری می فهمیم و حق با توست و میوه های درخت زقوم را خوردند و میوه درخت زقوم بسیار تلخ و بدمزه بود ولی آنها برای رسیدن به بالای کوه به ناچار از آنها خوردند و همگی از هوش رفتند.

پس از چند دقیقه مهاجران به هوش آمدند و دیدند که اثری از درخت سخنگو نیست و در آنجا فقط یک درخت معمولی میباشد و نیز متوجه شدند که آنها بسیار هشیار شده اند و میتوانند خیلی دقیق و واضح

نجواهای انسانی را بشنوند به طوری که دیگر همگی میدانستند از کجا و چگونه باید به منشاء نجواهای انسانی برسند پس آنها بی درنگ به راه افتادند و رهسپار شدند و پس از چند ساعت کوهنوردی به بالای کوه رسیدند.

آیینه جادویی

در بالای کوه یک غار وجود داشت که نجواهای انسانی از میان آن می آمد ولی دهانه غار به قدری تنگ بود که تنها یکی از آنان میتوانست به داخل برود پس آنها از دهانه غار فریاد زدند که آیا کسی آنجا هست؟ صدایی آمد و گفت نه کسی اینجا نیست و آنها متوجه شدند که کسی آنجا هست. مهاجران فریاد زدند تو کیستی؟ پاسخ آمد من کر نیستم. مهاجران متوجه شدند نیازی به فریاد زدن نمیباشد پس دوباره پرسیدند تو کیستی؟ پاسخ آمد چرا یکی از شما نمیپرسد وقتی سوال همه شما یک چیز میباشد؟ مهاجران با یکدیگر به گفتگو پرداختند و نتیجیه گرفتند که مار از جانب همه آنها با آنچیزی که درون غار بود گفتگو کند. پس مار پرسید میشود بگویید که اکنون با چه کسی صحبت می کنیم؟ پاسخ آمد: آری می شود و شما دارید با خداوند حرف میزنید. مار که شگفت زده شده بود پرسید خداوند؟! و پاسخ آمد آری. مار به همراهانش گفت شنیدید که او میگوید ما داریم با خداوند صحبت می کنیم. مهاجران همگی بسیار شگفت زده شده بودند زیرا گویا به چیزی که میخواستند رسیده بودند. پس آنها از مار خواستند تا به خداوند

بگوید که آنها میخواهند با خداوند ملاقات کنند و مار خواسته ایشان را به خداوند گفت. و پاسخ آمد که باشد شما را به پیشگاه می پذیرم و درگاه من همیشه به سوی همگان باز است. پس مهاجران تصمیم گرفتند یکایک به حضور خداوند بروند زیرا هر کدام با خداوند حرفهای خصوصی زیادی داشتند که نمیخواستند کس دیگری آنرا متوجه بشود. و قرار شد به ترتیب از موش و گربه شروع به ملاقات با خداوند کنند و موش نخست به داخل غار وارد شد و رفت تا با خداوند ملاقات کند اما موش همه چیز در داخل غار دید به جز خداوند را، موش به همه سو نگاه کرد و دید گویا آفرینشی دیگر در آنسوی دهانه غار در جریان است و همه چیز آنجا هست ولی هر چه نگاه کرد خدایی در آنجا نبود پس با خود گفت پس کو خدا؟ خداوند کجاست؟ که صدایی آمد که من اینجام و موش شگفت زده متوجه یک آیینه شد که صدا از داخل آن آمد و چیزی که شگفتی موش را می افزود این بود که او با خوش حرف زده بود و صدایی از او در نیامده بود که کسی بشنود. به هر حال موش رفت تا به آیینه نگاهی بیندازد و آیینه را دید و چیزی شگفت در آیینه دید و او یک موش بود که باعث شگفتی بیشتر موش شد و موش کمی در آیینه دقت کرد و متوجه شد که موش خودش است و موش متوجه شد که همه چیزهایی که همراهانش در قایق درباره او میگفتند درست بوده و او واقعا انسان نبوده است و این قلب موش را به درد آورد پس موش خواست که آیینه را بشکند ولی آینه شکستنی نبود که موش به ناچار رو به آیینه کرد و گفت تو که آیینه ای بیش نیستی چرا می

گویی که خداوند می باشی؟ آیینه گفت من که نگفتم خداوند میباشم. موش گفت وقتی مار پرسید ما داریم با چه کسی صحبت می کنیم تو گفتی که با خداوند. آیینه گفت آری و الان هم می گویم که شما دارید با خداوند صحبت می کنید و من آیینه خداوندم که شما می توانید با خداوند از راه من گفتگو کنید. موش گفت چرا خداوند خودش اینجا نیست و آیا نمیداند که ما چه راه درازی را برای دیدنش آمده ایم. آیینه گفت خداوند خود اینجاست. میبیند و میشنود و خداوند از نخست سفرتان همیشه با شما بوده است. موش گفت کو کجاست چرا من نمیبینمش؟ آیینه گفت و تو خیلی چیزهای دیگر را نیز نمی بینی همچنانکه چیزهایی زیادی از خودت را نمی دیدی. موش گفت من تو را باور نمی کنم که آیینه خداوند باشی و از حضور آیینه خارج شد و رفت بیرون. در بیرون غار بقیه که منتظر نوبتشان بودند از او پرسیدند که چه چیزی درون غار بود و آیا واقعا خداوند آنجاست؟ موش پاسخی نداد از بس که دل شکسته بود و فقط گفت بروید و خودتان ببینید. و نوبت گربه بود که برود پس گربه وارد غار شد و او نیز با آیینه حرف زد و خود را نیز درون آیینه دید و او نیز مانند موش سرخورده شد و از پیشگاه آیینه بیرون آمد و همینطور همه دیگران به پیشگاه آیینه رفتند و با او صحبت کردند و خود را درون آیینه دیدند و برگشتند. پس از اینکه همه با آیینه ملاقات کردند در بیرون غار به بحث و گفتگو پرداختند زیرا از سویی برایشان سخت بود که عیبهایشان را که در آیینه دیده بودند بپذیرند و نیز از سویی نمی توانستند آنچه دیده بودند را

نادیده بگیرند تا اینکه گربه گفت بگذارید چیزی را اعتراف کنم و گفت راستش من با همه چیزهایی که آیینه درباره عیبهای شما به شما نشان داده است با آیینه موافقم و راستش فقط از آنچه از عیبهای خود که در آیینه دیده ام شگفت زده شده ام . سگ گفت آیا واقعا تو با آنچه آیینه از عیبهای هر کدام از ما به ما نشان داده است موافقی؟ گربه گفت آری. میمون گفت آری ای سگ من هم مانند گربه ام یعنی با تمام عیبهایی که آیینه به هر کدام از شما نشان داده است موافقم و فقط عیبهایی که در خود دیده ام را نمیتوانم بپذیرم راستش خیلی برایم سخت است. الاغ گفت اگر واقعا شما با آنچه از کاستی ها که آیینه به هر کدام از ما به ما نشان داده است موافق هستید چرا تا کنون چیزی به یکدیگر نگفتید تا به اصلاح یکدیگر میپرداختیم. گرگ به الاغ گفت ای الاغ آیا تو خودت آنچه از کاستیها که آیینه به هر کدام از ما به ما نشان داده است را درست نمیدانی؟ الاغ گفت راستش من هم درباره کاستیهایی که آیینه به هر کدام از شما نشان داده است با آیینه موافقم و راستش من هم فقط از کاستیهایی که آیینه درباره خودم به من نشان داده است در شگفتم. مار به الاغ گفت می بینی ای الاغ تو نیز مانند همه ما با کاستی های دیگران که آیینه به آنها نشان داده است موافقی ولی از عیبهای خودت جا خورده ای. پس بهتر است پاسخ پرسش خودت را خودت بدهی که چرا وقتی کاستی های دیگران را می دیدی به آنها چیزی نمی گفتی؟! کرکس گفت بگذارید من پاسخ را بدهم و پاسخ این است نخست اینکه همه ما در طول سفر هنگامیکه در قایق بودیم

کاستیهای یکدیگر را به هم گفتیم و اگر یادتان بیاید باد راستی نیز به خاطر همان ما را تایید می کرد و ما به خاطر همان توانستیم به این جزیره برسیم و دوم اینکه و . و . و دوم اینکه ... ولی دیگر چیزی به ذهن کرکس نیامد تا بگوید پس موش گفت بگذارید دومش را من بگویم و گفت و دوم اینکه ما حتی از همان نخست سفرمان کاستی های دیگران را می دیدیم و میدانستیم ولی هرگز به کاستیهای خودمان فکر نکردیم و به آرایش خود نیندیشیدیم و سوم اینکه و سوم اینکه و . و ولی دیگر به ذهن موش هم چیزی نیامد تا بگوید پس گربه گفت و سوم اینکه ما همه میدانیم که تا الان گوش هیچکدام از ما به شنیدن عیب و کاستی های خودمان بدهکار نبوده است زیرا همیشه فکر می کردیم که نقص و عیب فقط در دیگران است. زیرا همه چیزهایی که آیینه از عیبها و کاستی ها به ما نشان داده است را از قبل می دانستیم و دیده بودیم و از دیگران درباره خود شنیده بودیم و چهارم اینکه و . و چهارم اینکه سگ گفت و چهارم اینکه گویا همگی ما در ته دل هایمان عیبهایمان را پذیرفته ایم و با آیینه موافق می باشیم پس بهتر است که تصمیم بگیریم که آیا آیینه واقعا آیینه خداوند است؟! و یا اگر نیست چه چیزی می باشد؟ گرگ گفت فکر کنم دیگر نیازی به گفتن پنجم نباشد و فکر می کنم بهتر است با یک بار دیدن آیینه درباره او تصمیم گیری نکنیم زیرا سفر طولانی ای را تا اینجا آمده ایم. مار گفت آری پس بهتر است دوباره به پیشگاه آیینه برویم و دوباره او را ببینیم و با او گفتگو کنیم تا بتوانیم درباره اینکه او چه می باشد درست تصمیم بگیریم. میمون گفت

راستش من از دیدن خودم در آیینه میترسم و اگر قرار است که دوباره آیینه را ببینم ترجیح میدهم که تنها به پیشگاه آیینه نروم. موش گفت ای میمون اگر میخواهی من همراهت می آیم تا نترسی البته راستش من هم از دیدن خود در آیینه جادویی می ترسم و نمیخواهم که به تنهایی با آیینه روبرو شوم و همینطور همه دیگر مهاجران ابراز داشتند که از رویارویی با آیینه جادویی به تنهایی میترسند پس آنها تصمیم گرفتند که دهانه غار را گشاد کنند بطوریکه همگی بتوانند به آسانی و آزادانه به پیشگاه آیینه خداوند رفته و او را ببینند. پس از تلاش بسیار آنها دهانه غار را گشاد نمودند و همگی به داخل غار رفتند و به پیشگاه آیینه حضور یافتند تا با خداوند گفتگو کنند اما چیزی شگفت انگیز آنها را شگفت زده کرد. و آن چهره یک انسان در آیینه بود، یک انسان زیبا و کامل. همهمه ای در میان مهاجران به راه افتاد که هرکدام با خود می گفت این انسان کیست؟! و باز با خود می گفتند به راستی او بسیار آشنا می باشد گویا یکی از ماست. موش گفت به گمانم او محمد باشد یا شاید هم مهدی .. میمون گفت نه او مسیح است و یا هم که خود اوست.. گربه گفت چه دارید می گویید او حتما بوداست آری او بوداست و الاغ گفت شک نکنید که او مسیح ما می باشد و یا هم که ماشیه است. گرگ گفت چه دارید می گویید او یک اهورایی است او سوشیانت است که همیشه منتظرش بودیم و مار گفت نه به راستی که او مولای ما شیطان است مگر نمی بینید نور و پاکی را در چهره او؟! سگ گفت چه داری می گویی ای مار او محمد است او یک انسان است او

مهدی است. کرکس گفت نمیدانم او چیست و یا کیست و شما چه خیال می کنید ولی او هرچه که هست از همه ما انسان تر است. در این هنگام نجوایی از درون آیینه بیرون آمد و گفت من خداوندم. مهاجران که از شکوه و زیبایی آنچه که در آینه می دیدند مبهوت شده بودند گفتند ما این سخن را پیشتر نیز از این آیینه شنیده بودیم ولی آن هنگام این آیینه چیزی دیگر به ما نشان میداد که اصلا در خور آیینه خداوند نبود و هرکدام از آنچه پیشتر آیینه خداوند به هر کدامشان نشان داده بود به آیینه گفتند. پس آیینه به آنها گفت آری میدانم و میفهمم و حتی آنها را از جزئیات آنچه آنها پیشتر در آیینه دیده بودند آگاهی داد به طوریکه گویا او هم آن هنگام آنجا با آنها بوده. مهاجران همگی شگفت زده شدند و گفتن چطور است که شما به خوبی آنچه که آیینه پیشتر به هرکدام ما نشان داده بود را میدانید آنچنان که گویا شما نیز آنجا در آنهنگام با ما بوده اید؟! آنچه که در آیینه خداوند دیده میشد گفت می دانم زیرا من آنگاه آنجا بودم و او که پیشتر در آیینه دیدید من بودم و این نیز من هستم. مهاجران که شگفت زده گی اشان دوچندان شده بود گفتند چطور میشود که هم او شما باشید و هم این؟ حال آنکه پیشتر هر کدام از ما در این آیینه حیوانی فرومایه را دیدیم و اکنون شما را ای خداوند که کامل و بی همتا می باشید، آیا شما می گویید که هم آن حیوان و هم شما ای خداوند یکی بوده اید؟ آنچه که در آیینه بود گفت آری من بودم و هستم و به شما می گویم که چطور است که شما پیشتر در آیینه حیوانی فرومایه دیدید و اکنون مرا و چگونه من هم آن حیوان

بودم و هم این می باشم و دلیل اش این است که پیشتر هر کدام از شما به تنهایی به پیشگاه من آمده بودید و در هر کدام از شما نشانی از من بود که شما به واسطه آن میتوانستید ببینید و بشنوید و بفهمید ولی هیچکدام از شما کامل و بی نقص نبودید و این بود که هر کدام از شما پیشتر خود را مانند حیوانی فرومایه در آیینه خداوند میدید و این جادوی آیینه خداوند است که راستی را به درستی نشان می دهد. و اما اکنون شما همگی با هم به پیشگاه آیینه خداوند آمده اید و این است که شما میتوانید مرا در آیینه ببینید. مهاجران گفتند آری میفهمیم ولی در دهکده ادیان و اندیشه های دیگری نیز وجود دارد که از پیروان آنها اکنون همراه ما نیستند؛ آیا اگر از پیروان آن ادیان یا گروه ها با ما اینجا حضور میداشتند در چهره شما تغییری پیدا میکرد؟ آنچه که در آیینه بود گفت نه، زیرا شما حضور آنها را نیز تصدیق کرده اید و این یعنی اینکه قبول دارید که در همه دیگر گروه ها و ادیان راستی وجود دارد پس اینست که آنچه اکنون شما در آیینه می بینید کامل است. مهاجران یادشان آمد که قرار بود سلام آن قورباقه هندو را به انسان برسانند پس به انسان گفتند ای خداوند قرار بود که ما سلام آن هندو را به شما برسانیم پس سلام آن هندو بر شما باد.آیینه گفت سلام بر او و سلام بر همه پیروان راستی در همه جای دهکده در هر دین و گروه و مذهب و راهی که هستند پس سلام مرا به همگی آنها برسانید و به آنها بگویید که من هستم. مهاجران گفتند پیروان راه راستی کیانند و کجایند؟ تا سلامتان را به آنها برسانیم.آیینه گفت آنها در میان دینداران و بی دینان و خداباوران

و خداناباوران و شیاطین و فرشتگان هستند و سلام من به یکسانی و بی پایان و بی منع و منت می باشد. لیک بهرمندی هر کسی از درود بی پایان من برابر راستی اوست. مهاجران که در آتش حضور خداوندشان مستقرق بودند گفتند خداوندا همانا ما در نظر داشتیم تا هر کدام با کتاب مقدس خود به نزد حضرت تو حضور یابیم تا ما را از حقایق کتب مقدسمان بیاگاهانی اما ما از کاغذهای کتب مقدسمان برای قایقمان بادبان ساختیم و اکنون نتوانستیم آنها را از یکدیگر جدا کنیم زیرا ترسیدیم که پاره شوند و هنوز آنها در قایق مان میباشند و شاید هم بر خی از آیات مقدس آنها در مجاورت با آب و خورشید پاک شده باشند که خواهشمندیم عذر ما را پذیرا باشی.آیینه گفت نخست چیزی که از کتب مقدستان باید بدانید این است که آنها برای شما میباشند و نه شما برای آنها و قداست آنها در این است که راهنما و راهگشای شما باشند تا بتوانید وجود مقدس گم شده خود را بیابید اگر نه همچنان که گفتید کاغذ جوهری بیش نیستند که حتی دوام آب و آتش را ندارند پس برای راهیابی و نجاتتان هر استفاده ای از آنها کرده اید درست بوده است و هرگز آنها را از یکدیگر جدا نکنید و جدا ندانید زیرا جادوی آنها از بین خواهد رفت و من همیشه از این پس با شما خواهم بود و هر چه درباره کتب مقدس و هر چیز دیگر که نیاز باشد به شما خواهم گفت و نزد من جوهری است که با آن هرگاه نیاز باشد آیاتی جدید می نویسم و جنس این جوهر از جنس جوهری است که با آن کتب مقدستان نوشته شده است. که هر گاه لازم باشد محو خواهد شد و هر

گاه نیاز باشد آیاتی جدید با آن می توان نوشت. مهاجران گفتند خداوندا چگونه تو از این پس همیشه با ما خواهی بود زیرا ما از نخست سفر در این اندیشه بودیم که شما را پیدا کنیم و با خود به دهکده ببریم. آیا شما میخواهید با ما به دهکده بیایید. و اما با جوهر مقدس که گفتید چه کسی آیات جدید را می نویسد؟ آیا کسی از میان ما؟آنچه درآیینه بود گفت آری من با شما به دهکده میایم و من همیشه در دهکده بوده ام و دهکده همیشه به پاس وجود من وجود داشته است و رو به مهاجران گفت به دلهای خود بنگرید آنجا پاره ای از همین آیینه وجود دارد که میتوانید مرا آنجا ببینید پس من اینگونه همیشه با شما خواهم بود و آری یکی از میان شما با جوهر مقدس آیات جدیدی را که نیاز باشد خواهد نوشت. مهاجران هر کدام به دیگری نگاه کردند و هیچ کدامشان دیگری را توانای نوشتن آیات جدید با جوهر جادویی نمی دید و نه حتی خودشان را پس گفتند خداوندا هیچکدام از ما یارای نوشتن با جوهر مقدس را ندارد پس آیات جدید را چه کسی خواهد نوشت؟! آیینه گفت او کسی از میان شما است و اکنون او در دهکده است. و او رهبر و پیشوای شماست، او مسیح و مهدی شماست، او بودا و مولای شماست. مهاجران گفتند چگونه او در دهکده است و ما او را نیافته ایم و ندیده ایم و هیچ کسی او را ندیده است و هیچ خبری از او در دهکده وجود ندارد، براستی او کیست ای خداوند؟! آیینه گفت او یک پلنگ است کسی که به روح پاک شیطان یاری میشود و فرشتگان و شیاطین بسیاری برای او کار می کنند. او کسی است که شهرتش سراسر دهکده

را گرفته است ولی همچنان که گفتید کسی او را نمی شناسد. مهاجران گفتند خداوندا او اکنون در دهکده چه کار می کند؟ آیینه گفت او اکنون در حال نوشتن آیات جدیدی است که دارم بر او وحی می کنم. مهاجران گفتند خداوندا و این آیات برای چه می باشد و او برای چه می نویسد؟ آیینه گفت این آیاتی که او دارد می نویسد برای زنده کردن راه انسان است و میخواهد با این آیات انسان و انسانیت را دوباره به دهکده برگرداند و هم اوست کسی که میخواهم حقیقت را به دست او محقق گردانم. مهاجران گفتند خداوندا حقیقت چه میباشد؟آیینه گفت حقیقت پادشاهی من است و پادشاهی من به دست او در دهکده برقرار خواهد شد. مهاجران گفتند خداوندا ما همیشه خواستار پادشاهی شما در دهکده بوده ایم و ما نیز همیشه میخواستیم تا برای پادشاهی شما در دهکده هر کاری می توانیم انجام دهیم پس اگر ممکن است بگذار تا ما نیز برای برپایی پادشاهی شما در دهکده هر کاری نیاز است بکنیم.آیینه گفت هر کاری که برای برپایی پادشاهی من در دهکده لازم است را پلنگ میداند اگر میخواهید برای برپایی پادشاهی من در دهکده کاری بکنید به دهکده برگردید و پلنگ را یاری کنید. مهاجران گفتند آیا ما چند تن برای یاری کردن او در این کار بزرگ کافی میباشیم؟!آیینه گفت شما خواستید تا کاری بکنید پس بکنید. مهاجران گفتند از کجا شروع کنیم؟ ما که جای پلنگ را نمیدانیم و نه او را میشناسیم. آیینه گفت شما به دهکده بازگردید و بسیار هوشیار و بیدار باشید زیرا او خود راهی برای یاران و پیروانش باز خواهد ساخت تا آنها بتوانند او را بیابند. مهاجران

۱۱۵ گفتند آنگاه که او را یافتیم دیگر چه کنیم؟! آیینه گفت آنگاه کلام مرا که از دست و زبان او جاری میشود در سراسر دهکده در هر زبان و نژاد و جایی منتشر کنید تا ببینید که از تن فروشان خیابانها تا قدیسان کلیساها به یاری او خواهند شتافت اما دشمنی های زیادی نیز با او خواهد شد زیرا او فرزند من است لیک او پیروز خواهد شد زیرا پرچم پیروزی در دست اوست و او راه را برای حضور من در دهکده باز خواهد کرد و اوست که کرسی پادشاهی مرا در دهکده آماده می کند. مهاجران به آیینه گفتند خداوندا اما تو گفته ای که او یک پلنگ است و آیا این به آن معنا است که او خود نیز دارای کاستی های حیوانی است؟! و اگر چنین است او چگونه میتواند پاسدار و رهبر راه انسانیت برای اهالی دهکده باشد؟! آیینه گفت آری او کاستی هایی مانند همه شما دارد اما او در رسالت خود بی عیب است و کاستی های او محدود به امور شخصی اش است و او در رسالت خود بی عیب است و رسالت خود را به بهترین راه ممکن انجام می دهد. مهاجران گفتند خداوندا اما اگر او خلافی بکند چه؟ اگر کاری یا حرفی خلاف شریعت های دهکده بزند چه؟ آیینه گفت راهنمایی های پلنگ شریعت شما خواهد بود و هر شریعتی خلاف راهنمایی های او باطل است و نزد من پذیرفته نمیباشد و او در رسالت خود اشتباه نخواهد کرد زیرا رهبر و پادشاه او من هستم پس او را پیروی کنید تا مرا پیروی کرده باشید زیرا پادشاهی و رهبری او به پادشاهی و رهبری من پیوسته است. مهاجران به آیینه گفتند خداوندا آیا از ما پیروی بی چون و چرا از او را میخواهی؟! حال آنکه

اهالی دهکده به خاطر پیروی بی چون و چرا از روحانیون مذهبی و سیاستمدارانشان به فساد و تباهی کشیده شده اند؟ شاید او از ما و از اهالی دهکده بخواهد که مسجدی یا کلیسایی و یا معبدی را ویران کنیم؛ پس آنگاه چه؟! آیا باز هم او را پیروی کنیم؟ آیینه گفت آری او را بی هیچ تردیدی پیروی کنید و او کسی است که چون و چرا ها را خود به شما توضیح می دهد که این از سخاوت ما میباشد و او روحانی یا رهبر مذهبی و سیاستمدار نیست و اما این شما و اهالی دهکده بوده اید که چون و چرا ها را از رهبران مذهبی و سیاستمدارانتان نپرسیده اید و از این رو شما نیز در فسادی که آنها را به آن متهم می کنید شریک می باشید. آنها بتهای شما شدند که هیچ روشنگری و بیانی برای شما نداشتند و شما پرستندگان بتهایی شدید که خود ساختید و بافتید. آیا گناه بت پرستان بیشتر است یا گناه بتها؟!! پس او را پیروی کنید بی هیچ تردیدی حتی اگر گفت کلیساها و معبدها و کعبه و اورشلیم را ویران کنید. مهاجران به آیینه گفتند خداوندا اکنون که او چنین جایگاهی در نزد تو دارد و راه او شریعت ما خواهد بود و پادشاهی او به پادشاهی تو پیوسته می باشد پس ما را برای یافتن او در دهکده یاری بفرما زیرا همچنان که آگاهید در دهکده در هر زمینه ای مدعی فراوان است. آیینه گفت نخست اینکه او هیچ ادعایی ندارد، او توانایی بالایی ندارد، او بسیار باهوش نیز نیست اما آنچه برای نجات دهکده نیاز است او میداند. مهاجران به آیینه گفتند خداوندا اگر باز هم با این نشانی هایی که داده اید ما نتوانیم او را در دهکده بیابیم چه؟ کاش نشانه ای می داشت که ما

بی شک و شبهه میتوانستیم او را بیابیم. آیینه گفت نشان به این نشان که جوهر من نزد اوست و او تنها کسی است که میتواند آیات جدید را بنویسد و آیات پیشین را روشنگری کند و از این رو او خاتم انبیاء می باشد و او این چنین است و آیینه چهره پلنگ را نیز به آنها در خود نشان داد. در این هنگام مهاجران به آیینه گفتند خداوندا ما دیگر او را خواهیم شناخت و او را یاری خواهیم نمود پس ما را برکت ده و پشتیبانی نما تا در کار خود پیروز شویم. آیینه گفت برکت و پشتبانی من برای شما و هر کسی که پلنگ را یاری کند بی دریغ و بی پایان است لیک پیش از بازگشت به دهکده باید پیمانی میان من با شما بسته شود. و پس از آن می توانید به دهکده بر گردید. مهاجران گفتن باشد ما آماده ایم و هر پیمانی باشد آنرا می پذیریم. آیینه به مهاجران گفت پیمانی که با شما می بندم همان پیمانی است که با تمامی انبیاء بسته ام و همان پیمانی است که با پلنگ بسته ام و همان پیمانی است که با هر مخلوقی بسته شده است. و پیمان این است که من شما را در هر راهی که دارید همیشه و هر جا بی هیچ منع و منتی و بی دریغ و بی پایان یاری خواهم کرد و همیشه بهترین ها و بدترین ها را از بهترین راه ها به شما می رسانم و شما را می آگاهانم و شما میتوانید هر چه میخواهید انتخاب کنید و اگر شما به راه های من سلوک کرده مرا خواهید دید و مرا احساس خواهید کرد و من همیشه با شما هستم و با شما راه خواهم آمد و همیشه با شما خواهم بود. و اما اگر شما به راه های من سلوک نکرده و گویا اینکه مرا نمیشناسید بازهم من شما را در هر راهی که دارید همیشه و هر جا بی

هیچ منع و منتی و بی دریغ و بی پایان یاری خواهم کرد و همیشه بهترین ها و بدترین ها را از بهترین راه ها به شما می رسانم و شما را آگاه می کنم و شما میتوانید هر چه میخواهید انتخاب کنید و مرا احساس خواهید کرد و مرا خواهید دید و با شما راه خواهم آمد و همیشه با شما خواهم بود. مهاجران به آیینه گفتند خداوندا چنین پیمانی نیازی به بستن نداشت زیرا در هر حال تو همیشه با ما خواهی بود و چیزی را دریغ نمی کنی نه از آنهایی که تو و راه هایت را انتخاب کنند و نه از آنانی که تو و راه هایت را انتخاب نکنند و تفاوتی نخواهد بود میان مومنان و

کافرانت.آیینه گفت آری در هر حال من همیشه با شما خواهم بود ولی این شما هستید که نخواهید بود یعنی فرقش در این است که اگر من و راه های مرا برگزینید همیشه خواهید بود و خواهید دانست و حضور شما آگاهانه خواهد بود و اما اگر مرا و راه های مرا برنگزینید تا آخر خواهید بود و خواهید دانست و خواهید دید ولی حضور شما نا آگاهانه خواهد بود. مهاجران گفتند خداوندا این یعنی چه؟آیینه گفت به این سنگها بنگرید آنها هستند و شما نیز هستید آیا حضور آنها با حضور شما در پیشگاه من یکسان است حال آنکه من با آنها هم به همان اندازه که با شما هستم هستم و چیزی را از آنها دریغ نکرده ام؟ مهاجران گفتند خداوندا براستی حضور آنها با حضور ما یکسان نمینماید. آیینه گفت پس حضور من برای همه شما و در همه جا یکسان است و به شما اختیار و انتخاب داده ام تا تفاوت را خودتان ایجاد کنید میخواهید ریگها باشید یا کوهها؟! میخواهید حیوانات باشید یا انسانها؟! آگاهی پاداش

کسانی است که به راه های من سلوک می کنند. پس مهاجران پیمان خداوندشان را پذیرفتند و خواستند که به دهکده بر گردند که آیینه به آنها گفت من شما را به دهکده بازخواهم گردانید. مهاجران خشنود شده و سپاس گفتند و گفتند که به راستی بازگشتن برای ما بسیار دشوار مینمود.آنچه در آیینه بود به مهاجران گفت پس اکنون به چشمان من بنگرید و مهاجران همگی به چشمانش نگریستند و لحظه ای بعد خود را در دهکده یافتند و شگفت این بود که هر کدامشان در مزرعه و محل زندگی خودشان برگشته بودند و چنان بود که گویا اصلا اتفاقی نیفتاده است. موش در پشت کوه در دام گربه افتاده بود و میخواست هر طوری شده خود را از چنگال گربه بودایی نجات دهد و به چشمان گربه زل زده بود و می گفت بگذار از تو خواهشی بکنم اگر خواهشم را نپذیرفتی آنگاه مرا بخور و چون گربه می دانست که موش راه فراری ندارد و به هوشمندی خود مطمئن بود که فریب موش را نخواهد خورد و از طرفی میخواست تا از شکارش کمی بیشتر لذت ببرد پس به موش گفت باشد خواهش کن دارم گوش می کنم. و موش توانست گربه را متقاعد کند تا دسته کم گربه بگذارد که موش به خانه اش برگردد و فرزندانش را شیر بدهد و به آنها سفارشاتی بکند و سپس نزد گربه برگردد تا گربه او را بخورد اما پس از بر گشتن موش، گربه دلش نمیخواست که موش را بخورد پس وارد گفتگو با موش شد و نتیجه گفتگویشان این شد که برای یافتن خوراک به مزرعه سگها بروند پس

آنها راهی مزرعه سگهای مسلمان که در بخشی از دهکده آنطرف کوه بود شدند.

وقتی که موش و گربه به مرزعه رسیدند متوجه شدند که پیامی از یک گونه منقرض شده که پلنگها بودند در دهکده منتشر شده است و موش و گربه پس از پرس و جو فهمیدند که یک پلنگ با انتشار کتابی شیطانی ادعای پیامبری کرده است و بر علیه تمام مقدسات دهکده قیام نموده و روحانیون مذهبی و سیاستمداران دهکده نیز همدست و همداستان شده بودند تا هر طوری شده در مقابل پلنگ و پیامش ایستادگی کنند و تبلیغات وسیعی علیه پیام پلنگ به راه انداخته بودند تا گوسفندان را علیه پلنگ برانگیزانند تا پلنگ نتواند پیامش را که از سوی انسان برای اهالی دهکده بود به آنها برساند. در این هنگام موش و گربه چیزهایی از پیمانی که آنها و دیگر همراهانشان با انسان در جزیره شیطان بسته بودند را به خاطر آوردند و کم کم همه چیز یادشان آمد و فهمیدند که آنها وسط انجام یک ماموریت بزرگ و حیاطی هستند که پیمانش را با انسان بسته بوده اند و آنها فهمیدند که باید پیام پلنگ را به همه دیگر یارانشان برسانند و هر چه زودتر باید دیگر همراهانشان یعنی سگ مسلمان و گرگ زرتشتی و میمون مسیحی و الاغ یهودی و قورباقه هندو و مار شیطان پرست و کرکس بی دین و لاک پشت خداناباور و همه دیگران را پیدا کنند تا با یاری کردن و پیروی از راهنماییهای پلنگ بتوانند اهالی دهکده را از خواب بیدار کنند تا راه را برای حضور انسان و انسانیت در دهکده باز کنند و دهکده را از فساد و نابودی نجات دهند.